铁路法治
问题研究
魏 琼 ◎ 著

其他著者：杨成良　陈迎新　王　浩　王现兵

吴　昱　徐兴祥　颜诗树　曾文革

张　晶　张倩雯

西南交通大学出版社

·成 都·

图书在版编目（CIP）数据

铁路法治问题研究 / 魏琼著. -- 成都 : 西南交通大学出版社, 2024. 6. -- ISBN 978-7-5643-9879-8

Ⅰ. D922.296.4

中国国家版本馆 CIP 数据核字第 2024UB1300 号

Tielu Fazhi Wenti Yanjiu
铁路法治问题研究
魏 琼 著

责 任 编 辑	赵玉婷
封 面 设 计	GT 工作室
出 版 发 行	西南交通大学出版社
	（四川省成都市金牛区二环路北一段 111 号 西南交通大学创新大厦 21 楼）
营销部电话	028-87600564 028-87600533
邮 政 编 码	610031
网　　　址	http://www.xnjdcbs.com
印　　　刷	成都蜀通印务有限责任公司
成 品 尺 寸	170 mm × 230 mm
印　　　张	11.75
字　　　数	169 千
版　　　次	2024 年 6 月第 1 版
印　　　次	2024 年 6 月第 1 次
书　　　号	ISBN 978-7-5643-9879-8
定　　　价	55.00 元

图书如有印装质量问题 本社负责退换
版权所有 盗版必究 举报电话：028-87600562

前 言 PREFACE

"十四五"时期是我国加快建设交通强国的关键时期,《交通强国建设纲要》提出打造交通强国要坚持法治引领,完善综合交通法规体系,推动重点领域法律法规制定修订。但是,学界对铁路等交通法治的理论和实践问题研究不多。本书是"2022西南交通法治论坛"的成果,包括铁路安全法治、铁路建设法治和国际铁路法治三方面的十二个问题,以推动铁路法治发展为主题,探索解决铁路法治领域中的新问题,为把铁路打造成中国现代化的开路先锋提供法治支撑和保障。

针对铁路安全法治,本书主要研究了我国铁路安全防控的现状及对策、中美铁路安全法规比较、处罚旅客危害铁路运输安全秩序行为的旅客黑名单制度三个问题。首先,为贯彻交通强国战略,推动我国铁路安全防控体系加速形成,在强调国家治理能力和治理体系现代化的背景下,本书提出要以社会共治理念为引导,加强政府、市场和社会三方主体在公共交通事业治理上的共同参与,消解我国铁路交通安全防控的制度困境。其次,本书通过比较中美两国铁路安全法规制度体系、法规内容以及铁路监管等内容的异同,总结了美国铁路安全立法方面的特点并反思了我国铁路安全立法的不足,在此基础上提出了完善我国铁路安全管理法律法规体系的建议。再次,本书认为,铁路、民航旅客黑名单制度的相同本质是运用行政权力对有危害交通运输安全秩序行为的旅客进行的惩罚,现行分别制定的铁路、民航旅客黑名单规范的合法性、合理性与体系性皆有不足,建议通过正在起草的《交通运输法》统一规定设立与实施旅客黑名单的主体、实体条件和惩罚标准、适用程序和救济规则等共性内容,实现不同交通运输方式之旅客黑名单制度的体系化。

对铁路建设法治，本书主要研究了铁路建设融资的政府和社会资本合作（PPP）模式中社会资本方权益保护、铁路建设的环境监理及特定铁路建设中的环境风险防控、技术创新保护、劳务派遣用工法律风险等六个问题。其一，对铁路建设融资，本书提出：PPP融资模式实践中，社会资本方在合作建设铁路中面临着个别地方政府权利与权力不分，个别地方政府滥用行政优益权但责任承担却无法完全弥补社会资本方的受损，以及合作主体双方权利义务不明晰不对等等困境，导致社会资本方的权益难以保障。为此，宜建立政府权力清单制度、建立独立的监督机构完善监督机制、完善政府履约机制、明确政府责任的承担方式以及确立公正的协议制定与修改程序等应对措施，保护社会资本方的合法权益。其二，对铁路建设的环境保护，一是提出我国目前在国家层面尚无调整铁路建设等环境监理的立法规定及相关规范作为工作指导，虽然部分省市制定有环境监理的地方法规，但在现实适用中存在概念不明确、职责不清晰、标准不统一、地域不均衡等问题。借鉴青藏铁路和成兰铁路等十三个试点工程的建设单位在实践中探寻出的分工明确、配合紧密、权责有约、卓有成效的环境监理行为规范体系，建议从提高立法层级、统一技术规范、规范监理职权等方面进行铁路建设环境监理制度体系的建设。二是提出在复杂地势建设铁路工程对沿线生态环境影响较大且建设及运营的时间和空间范围过大，难以判断是否会在未来很长一段时间内发生损害。检视当前复杂地势铁路建设环境风险防控制度发现，复杂地势铁路工程存在环境风险制度依据不足、体制不顺、机制不畅等问题。为提升极端条件下铁路建设的环境风险应对能力，需要以风险预防理念为指引，坚持风险预防原则、合作原则、效率原则，建构复杂地势铁路建设环境风险防控的路径。其三，针对雅林铁路建设的技术创新，一是提出为克服雅林铁路建设面临的困境而由铁路技术创新中心、工程领域的专家学者进行的重大科技攻关和技术方案论证和研究而形成的技术创新成果，可以技术秘密、专利的方式予以法律保护。为此，本书分析了雅林铁路建设技术创新申请专利保护是否满足专利保护的基础条件，提出专利保护的可行性。二是提出面对类似雅林铁路沿线的复杂地理环境和特殊气候条件时，不能按照传统模式完全照搬原有铁路技术，必须进行铁路建设和运营领域的技术创新，并使技术创新成果尽快形成知识产权，以知识产权法律的形式加强保护，我国知识产权保护制度也应当作适当调整，不断丰富和完善，使雅林铁路建设中的技术创新与我国知识产权保护制度相互作用，共同促进。其四，针对高山高原铁路建设的劳动用工，本书认为，高山高原铁路建设需要巨大的人力资源，劳务派遣用工的优势契合高山高原铁路建设的现实需要并被广泛适用，根据现行法律规定存在用工单位与劳务派遣工被认定为劳动关系的风险。为了保障各方主体权益，更好地发挥劳务派遣用工的积极作用，从高山高原铁路建设的主体（用工单位）角度出发，宜建立劳务派遣用工管理"日常规范+合同签订环节"模式防控法律风险，从源头上降低法律风险产生的可能性。

针对国际铁路法治，本书主要研究了国际陆海贸易新通道多式联运规则、可持续交通与国际环境政策的战略对接、铁路等交通基础设施对外投资中的投资认定等三个问题。首先，本书提出，全球交通命运共同体是中国参与交通运输国际交流与合作、推动全球交通治理体系变革的新倡议。国际陆海贸易新通道多式联运规则的构建对于构建全球交通命运共同体意义重大。然而，国际陆海贸易新通道多式联运规则在共商、共建、共享、保障等方面存在诸多障碍。中国应当以《区域全面经济伙伴关系协定》（RCEP）为契机凝聚全球交通命运共同体的共识，构建中国交通运输双循环的国际国内法律互动机制，加强中国对多式联运规则的主导权和提升沿线国的参与度，推动制定区域性国际陆海贸易新通道多式联运公约，统一多式联运规则软硬法识别标准并适时推动软法"硬化"，并构建国际陆海贸易新通道多元化的争端解决和预防机制。其次，本书提出，可持续交通是未来世界发展的方向——可持续发展的要求和内容之一。可持续交通与国际环境政策的战略对接是"一带一路"发展的重要内容，与五通政策契合。本书关注可持续交通与国际环境政策直接相关的保护生态环境方面的可持续性要求，以"一带一路"为视角，阐述了目前"一带一路"中可持续交通与国际环境政策的对接点，并结合五通政策论述了推进可持续交通与国际环境政策的战略对接的要求。最后，本书通过第一起中国承包商因在海外承包项目引发的国际投资仲裁纠纷"北京城建集团诉也门共和国案"研究了"一带一路"建设中国对外投资铁路等交通基础设施中的投资认定问题。该案管辖权争议的核心是工程承包是否属于适格投资问题。该案仲裁庭认为，争端当事方在投资协定中对投资的认定不应超出《华盛顿公约》对投资的定义范围。仲裁庭在解释投资时采"Salini 标准"，认定北京城建在也门的投入构成适格投资，裁定驳回了也门政府提出的大部分管辖异议。仲裁庭采纳的投资认定路径具有合理性，符合《华盛顿公约》立法精神，并与大量投资仲裁实践一致。本案管辖权争议中也门政府提出"投资应符合东道国法律法规"和"投资应位于东道国'领土内'"异议，反映出该类与投资有关的限制条件正日益得到重视。中国投资者应重视国际投资仲裁庭对投资定义的新进解释路径，以及中外双边投资协定中与投资相关的限制条件，合理规划投资路径，保护其海外投资合法利益。

　　本书由多位作者合作完成。其中，魏琼拟定了本书的结构并撰写了专题三的内容，杨成良等撰写了专题五和专题九的内容，张晶、陈迎新、颜诗树、王浩、王现兵、徐兴祥、曾文革、吴昱、张倩雯等分别撰写了专题一、二、四、六、七、八、十、十一、十二的内容。感谢各位作者赐稿。限于著者的水平，书中难免有不足及不当之处，敬请广大读者和同行批评指正。

魏琼
2024 年 5 月 12 日于成都

目录 CONTENTS

第一篇 铁路安全法治问题 001

专题一：我国铁路安全防控的现状及对策分析 002

专题二：中美铁路安全法规比较研究 014

专题三：统一铁路与民航旅客黑名单制度研究 028

第二篇 铁路建设法治问题 049

专题四：铁路PPP模式社会资本方权益保护研究 050

专题五：我国铁路建设环境监理的制度体系构建 061

专题六：论复杂地势铁路建设环境风险防控的法律路径 075

专题七：雅林铁路建设技术创新的法律保护研究 090

专题八：雅林铁路建设技术创新与知识产权保护 099

专题九：高山高原铁路建设劳务派遣用工法律风险及防范体系构建 109

第三篇 国际铁路法治问题 123

专题十：全球交通命运共同体视域下国际陆海贸易新通道多式联运规则的构建 124

专题十一：可持续交通与国际环境政策的战略对接

——以"一带一路"为视角 144

专题十二："一带一路"对外投资中的投资认定问题研究

——从"北京城建集团诉也门案"切入 156

参考文献..170

第一篇 铁路安全法治问题

专题一：
我国铁路安全防控的现状及对策分析*

　　经过70多年的铁路行业建设，截至2021年年底，全国铁路路网密度已达156.7公里/万平方公里，铁路营业里程突破15万公里，其中高铁里程达到4万公里[①]。铁路交通发展形势向好的同时，铁路安全防控工作压力也在增大。2012年，犯罪嫌疑人秦某、王某，先后将4名男婴和3名女婴从云南带至山东[②]；2021年兰新线一列旅客列车与作业人员相撞，造成9名作业人员死亡[③]；2022年3月8日，甘肃一辆货车交通肇事致货物列车脱轨，事故造成3人死亡，直接经济损失近800万[④]。铁路运输由于其自身空间密闭性强、运输途中点多线长面广、客流量大等特征，成为了犯罪行为滋生的天然场所和安全事故频发的重点区域。基于以上情况，建立完善的风险防控机制，消解铁路运输中衍生的安全风险，是铁路安全防控工作的必要任务和重点内容。

---

* 本部分内容由西南交通大学公共管理学院法学系副教授张晶和西南交通大学公共管理学院法学系法律硕士研究生彭焱撰写。
① 万家明：《2022年中国铁路行业发展现状 铁路营业里程突破15万公里》，载前瞻经济学人网，https://www.qianzhan.com/analyst/detail/220/221227-799f7b25.html。
② 许永强、袁辉翔：《南昌打掉跨三省拐卖婴儿团伙》，载江西新闻网，https://jiangxi.jxnews.com.cn/system/2013/09/11/012637422.shtml。
③ 《兰新线一列车与铁路施工人员相撞致9人遇难 21人被问责 事故调查处理情况公布》，载《中国青年报》，https://baijiahao.baidu.com/s?id=1706680124247276170&wfr=spider&for=pc。
④ 《甘肃货运列车脱轨致3死事故原因查明，直接经济损失近800万》，载澎湃网，https://m.thepaper.cn/baijiahao_17999601。

一、加强我国铁路安全防控之必要性

对铁路安全防控的研究伴随着我国铁路事业的整个建设历程，即使在铁路交通技术和安全制度保障相对成熟的今天，安全风险防范仍旧是铁路交通发展中的研究热点。加强铁路安全防控是我国总体国家安全观的政策指引、安全事故的预防理念和打击犯罪活动之目标共同作用下的必然结果。

（一）国家政策导向

习近平总书记于 2014 年首次提出总体国家安全观的重大战略思想，为我国的安全事业发展提供了科学系统的行动指南，指明了国家安全建设的发展方向。为保证交通强国战略的贯彻实施，在总体国家安全观的理论指导下加强对铁路安全防控的重视是国家政策导向之下的必然产物。近年来，各地铁路监督管理局举办的安全生产宣传活动以及各项铁路技术标准和安全生产规章的解读文件，都体现了我国对于铁路安全事业建设的关照。铁路运输是我国经济发展之大动脉，加强我国铁路安全的风险防控契合国家安全战略的理论思想和指示精神，为应对铁路安全风险提供了有力的思想武器和政策支撑。

（二）预防安全事故

铁路安全风险之预防，得益于风险制度之完善。"风险社会"是德国学者乌尔里希·贝克所创设的一个概念，主要指从传统工业社会中所解放出来的现代性所缔造出的崭新形态，即工业化后的"风险社会"[1]。目前学界对于风险社会的研究主要包括制度风险、技术风险、社会文化心态风险三大分析进路[2]。将铁路安全风险的评估和预防与风险社会理论相联系，有利于推进铁路安全事业风险防控机制的构建进程，实现对铁路安全事故的有

---

[1] [德]乌尔里希·贝克：《风险社会：新的现代性之路》，何博闻，张文杰译，译林出版社 2018 年版。
[2] 王伯承、张广利：《新时代特大城市地铁安全风险的社会学解析》，载《中州学刊》2020 年第 1 期，第 87-94 页。

效预防，针对安全隐患实现精准排除。保障铁路安全除了加强铁路系统内部的管理，还要加强对路外安全的重视。铁路沿线烧荒、私搭违章建筑现象局部存在，乘客的违法行为危及铁路安全并不少见，铁路交通的安全防控不再局限于车厢内部，还要实现铁路内部和路外安全的统一。基于此，单一的应急处理机制并不能完全满足铁路交通的安全保障要求，还应强化风险防控这一环节的作用机制，两者共同作用于铁路安全防控事业，才能有效降低安全风险，预防铁路安全事故的发生。

（三）打击犯罪活动

铁路安全事故成因复杂，路外安全主要包括铁路沿线违建、铁路安全保护区内烧荒放牧等危及铁路安全的情形，而铁路内部由于密闭性较强、客流量大、运输路线较长，成为犯罪活动的天然场所。利用铁路交通进行犯罪的涉案人员往往是跨省犯罪，且主要是毒品犯罪、拐卖儿童类甚至恐怖活动类等社会危害性强、追捕难度大的犯罪活动。根据中国政府网上的相关信息，2019年3月，大连铁路公安处大连北站派出所民警从一男子行李箱内发现冰毒5.88克，随后又在其租住屋内查缴冰毒42克；5月5日，北京铁路公安处根据线索，从一旅客携带的物品中查获毒品可卡因195.31克[①]。我国对毒品犯罪持"零容忍"态度，铁路运输是我国毒品犯罪活动的"咽喉"，完善铁路安全防控则相应成为我国打击毒品犯罪的"利剑"。加强铁路安全风险防控能够及时发现铁路周边的安全隐患，排除危及铁路安全的潜在可能，并直接影响着铁路交通上的案件侦查任务和安全保卫工作。在这一过程中，铁路公安部门作为铁路治安和刑事犯罪活动的直接责任主体，应当明确自身定位，强化工作纪律，联合路外主体和技术力量，以此筑牢铁路安全防控体系，才能发挥铁路安全防控应有的制度功能。

---

① 《铁路公安机关立足站车严厉打击毒品犯罪》，载央视网2019年6月25日，http://news.cctv.com/2019/06/25/ARTIlEwkGnNOcfZ9OhHG2Q2v190625.shtml?spm=C94212.PV1fmvPpJkJY.S71844.128。

二、我国铁路安全防控的现状分析：我国铁路事业的阶段性成果和现实困境

近年来，在"交通强国"战略的引领下，我国铁路交通事业欣欣向荣，从铁路的规划建设到投入使用，铁路运输搭起了货物流通的生命线，承载着推动经济发展的重要使命。安全防控事业的建设是发展交通运输行业的必然考量，我国近年来在安全生产、立法规范和安检程序上有着不同程度的突破与发展。但相应的，在为现阶段我国铁路安全防控事业的成果感到欣喜的同时，我们更应关注安全防控工作建设的现实困境，以此寻求有效的发展铁路安全事业的路径。

（一）我国铁路安全防控之成果

1. 立法文件规范化

我国铁路安全的法律规定主要包括《中华人民共和国铁路法》《中华人民共和国安全生产法》《铁路安全管理条例》《铁路旅客运输安全检查管理办法》《高速铁路安全防护管理办法》等。《中华人民共和国铁路法》的第四章对铁路安全与保护工作做出了专门规定，强调了铁路运输企业、铁路公安部门和地方人民政府的安全职能，强化了铁路职工在安全保障中的引导和规范作用，以禁止性规定明确了乘客或沿线行人保护铁路安全运行的社会责任。《铁路安全管理条例》为了加强铁路的安全管理，保障铁路交通的运输畅通，对铁路运输每个关键环节的工作安排和相应责任做了进一步的细化。随着高速铁路事业的发展，2020年国家又及时出台了《高速铁路安全防护管理办法》。整体上，我国铁路安全的立法规定呈现出一种相对规范化的趋势，在部分针对铁路安全的专项治理中，我国的法律法规也取得了一定的突破，为我国铁路交通事业的发展发挥着支撑作用。

2. 安全生产标准化

安全生产标准化一直以来都是我国铁路安全建设中强调的重点内容，

铁路生产安全的一般性规范依据除了《中华人民共和国安全生产法》以外，还有铁路作业人员的安全生产标准、铁路行业的工程建设标准和相关技术标准。技术标准根据铁路运输类型不同细分为客车标准和货车标准，安全监管、路线规划和地质勘探相应包含在内。我国安全生产标准规范化管理推动了我国铁路安全防控事业的高质量发展，填补了铁路行业安全防控之空白地带。安全标准不再只是抽象意义上的简单概述，而是应用于实践中发挥作用的安全屏障，关键环节的标准化和管理制度的体系化都是我国发展安全生产标准化的标志性成果，在铁路安全防控方面发挥着基础性作用。

3. 安检程序系统化

安全检查监督的工作内容主要表现为铁路运营方的检查监督义务和铁路乘客不得携带禁止物品或限制相关物品数量的消极义务，《铁路旅客运输安全检查管理办法》为安检工作提供法律依据，各地出台的禁止物品和限制物品清单为铁路乘客提供规范指引，技术方面主要包括三道检查流程，即行李安检 X 光机、通过式安检门和手持式金属探测仪[1]。法律规范的出台、禁品清单的发布和设备设施的更新发展相互衔接、共同作用，为铁路安检工作提供制度保障和技术支持，有效预防和评估风险级别，联合人力共同作用，真正实现物防、人防和技防，将碎片化的安检程序进行整合安排，将安检程序的系统化设置视为铁路安全风险防控的首要任务，构建一个系统高效的铁路安检体系。安检制度的系统化发展一定程度上消弭了铁路运输旅客的心理、行为和情绪风险，大大降低了铁路安全防控中的风险指数和犯罪可能。

---

[1] 戴贤春、焦志恒、李子华、刘敬辉：《铁路旅客安检系统现状及发展研究》，载《铁道技术监督》2016 年第 1 期 44 卷，第 2-3 页。

（二）铁路安全防控的现实困境

1. 安全法规制度不健全

通过对表 1-1 破坏铁路设备设施的行政处罚案例情况之比较，可以直观地看出我国对在路外实施危害铁路安全之违法行为的处罚依据多是《铁路安全管理条例》，其是 2014 年实施的由国务院颁发的行政法规。

表 1-1　破坏损毁铁路设备设施的行政处罚案例[①]

案件情况	处罚情况	法律依据
2021 年 5 月 7 日，某公司员工覃某铭聘请劳务人员在果场地块开荒砍树作业，部分树木倾倒损毁附近高铁防护栅栏及刺笼 8 米，导致栅栏防护功能失效	铁路公安机关依法给予覃某铭罚款 1 000 元处罚，并责令其公司赔偿铁路运输单位损失 1 180 元	《铁路安全管理条例》第五十一条
2021 年 5 月 11 日，梁某杰驾驶农用车拉运木头时，操作不当造成高铁防护栅栏及刺丝滚笼损毁，随后开车离开现场，未向有关部门报告	行政拘留 5 日	《铁路安全管理条例》第五十一条
2021 年 6 月 20 日，仇某任、仇某强，违法在铁路安全保护区内焚烧衣物、棉被，导致栅栏网片不同程度损坏，线路区间封锁 61 分钟	罚款 200 元	《铁路安全管理条例》第二十九条

关于铁路安全建设、产品生产标准以及交通事故应急处置的法律文件则以部门规章为主，效力层级较低。主要用以应对铁路安全风险的《铁路安全管理条例》也因其制定时间较早，难以满足如今铁路安全的风险管理需求。而作为我国铁路安全保障主要法律的《中华人民共和国铁路法》，在其第四章"铁路安全与保护"中，更多强调管理人员和铁路职工的制止义务，对人员自身素养的依赖性较重，如第四十九条至五十五条，详述了铁

---

① 《南宁铁路安监办发布违反〈铁路安全管理条例〉16 起典型案例》，载人民网，http://gx.people.com.cn/n2/2021/0812/c179464-34865039.html。

路职工对于危及铁路安全之行为的制止权力。另外，从以上案例的处罚结果来看，我国在铁路安全违法行为的处置上自由裁量权过大，主要是因为我国法规文件中对于相应违法行为的规定幅度不明，过度依赖执法人员的法治素养和专业水平。另有学者指出，部分法规出现了内容不协调不一致、上下位法相互矛盾的情况，法规体系中未对政府的监管责任和企业的主体责任进行区分，无法匹配铁路行业委托管理市场的发展①。我国铁路安全法规体系不健全是多种因素综合作用的结果，成为我国铁路安全防控事业之发展的一大阻碍。

2. 安全治理法治程度低

现阶段，我国的铁路安全风险治理工作主要依赖于管理机构的重视程度和中央政策对于安全防控传达的意见。一方面，安全治理法治水平有待提升，法治手段发挥作用的空间被压缩。部分学者指出，突击安全检查的传统治理方式和依赖监管机构重视都是我国铁路安全发展的桎梏，只有重视铁路安全的法规和制度化建设，才更加符合我们对于铁路安全建设的理想期待②。而另一方面，除了转变铁路系统内部的管理体制和治理思路，还要注意将路外安全的法治建设囊括其中。强化社会主体的铁路安全保障意识，依法合理分配安全责任，提升铁路乘客、职工队伍和管理人员的法治素养，建立有效的铁路安全法治保障体系，实现安全检查常态化、问责体系系统化、法规制度规范化。将安全事故的事后反思视为对安全治理的一种实现路径固然合理且重要，但基于铁路交通安全本身的复杂性和安全事件的偶然性，以法治思维应对治理矛盾、用法治手段规避安全风险才能有效推进我国安全治理法治化的建设工作，构建完善的铁路安全风险防控体系，进而推动社会总体的风险制度发展。

---

① 王志刚：《中美铁路安全法规制度比较及借鉴》，载《中国安全科学学报》2018年第28卷增刊2，第12-13页。
② 亐道远、冯兆蕙：《高速铁路安全共建共治共享的法治化治理路径》，载《河北法学》2019年第37卷第6期，第128-129页。

3. 安全协同防控不理想

长期以来，论及铁路安全防控事业的责任主体，学界认为主要包括铁路监管机构和铁路公安两大部门。从我国铁路安全防控现状来看，铁路监管部门和铁路公安的职权重叠情况较为明显，企业和相关组织的安全责任不明、权责的模糊性和协同管理的高效率成了铁路风险治理中一对难以协调的矛盾①。过度强调协同会导致安全防控的治理混乱，更会影响风险防控构建中的责任分配问题。若未能明确铁路风险防范主体多元的新内涵，企业和社会组织在铁路安全风险的防控工作中则会作用甚微，更无力改变由政府主导安全管理工作的局面。

4. 安全风险防范不完善

铁路交通安全的风险来源广、成分杂，根据风险社会理论的研究路径，笔者将其简要划分为人为风险和非人为风险。人为风险包括铁路沿线的违法行为风险、铁路内部的犯罪活动风险及恐怖活动风险，非人为风险包括技术风险、制度管理风险。人为制造之风险的主要应对方式则依赖进站时的三项安检设备，对乘车旅客进行身份验证，这一程序不仅对相应的设备设施之灵敏程度提出了较高要求，也对安检人员的职业素养有较高要求。部分安检人员在工作量较大的情况下，很难通过以上设备准确识别有目的携带违禁物品的乘客，其中液体危险品本身就难以识别，通过传统的"喝一口"的方式又会影响安检效率，在这种情况下，部分安检人员则会放行，这无形中为铁路运输增加了许多风险。非人为风险则涉及铁路本身的设备更新问题、建造时的路线规划问题、安全保护区的划定和管理及恶劣天气的影响。我国的安全防范工作主体不一，现行的风险防范制度下并未形成清晰有效的责任模式。如在人为风险的防范中，铁路系统内部的治安事件和刑事案件便涉及地方公安、铁路公安还有铁路监管机构等主体，沿线的风险治理工作更是涵盖了地方政府、周边营业场所、学校及教育机构等多

---

① 韩春晖、盛泽宇：《协同执法：铁路安全监管体制变革之维》，载《法治政府》2018 年第 10 期，第 71 页。

种主体。在"互联网+"时代,铁路安全风险的预防更是与通信技术和情报网络体系密切相关,若相应技术和风险观念更新缓慢则很难把握铁路安全事故之预防规律,只能将重点放在事故发生后的应急救援和处理工作上。

三、完善我国铁路安全防控之对策探讨：基于社会共治理念和风险社会理论的出路思考

在不断加强法治国家建设的今天,重视铁路安全防控的法治建设,提升安全治理的法治水平是加强铁路安全防控之必要内容；社会共治理念能够为我国完善铁路安全防控提供多元主体共同作用的治理路径,以改变我国铁路安全管理中政府主导或是专职部门孤掌难鸣的局面；风险社会理论的三大研究进路有助于厘清我国铁路安全事故的风险来源,只有对症下药才能准确识别铁路运行中潜在的安全风险,构建合理完备的风险排除机制；安全文化的发展和构建在强调民众安全教育的今天,已经是个不可忽视的重要课题。因此,基于以上内容,为完善我国铁路安全防控,需要从安全防控的立法法规、作用机制和安全文化三个方面进行分析。

(一)完善铁路安全防控的立法法规

安全是目标,法治是路径。在铁路安全管理法治化的进程之中,有法可依固然是前提条件,但逻辑严密、体系完善的法律规定才是风险治理的关键依据。基于此,有学者则提出制定专门的《铁路安全法》以改善我国《铁路安全管理条例》效力层级低,规定事项不全的问题[①]。笔者认为则需要从以下两个方面出发,完善铁路安全法律法规为铁路安全防控提供基本保障。

1. 提升安全法治水平

提升安全法治水平,首要任务是转变铁路安全的风险应对思路,以法

---

① 栾志红：《铁路安全的行政法规制：经验与借鉴》,载《北京交通大学学报》(社会科学版)2021年第1期,第160-161页。

治思维织密铁路安全风险防控网，用法治手段及时排除安全隐患。安全防控法治化的意义之一便在于让法律制度为铁路安全风险的防控工作保驾护航，使铁路安全建设在法律规定下平稳有序进行。一是要提升铁路安全工作队伍的法律素养，如通过法律讲座宣传法律知识等方式让铁路职工明确自身的风险防范责任。二是提高铁路安全事故执法人员的执法水平，在制度和法律的限度内行使执法权力，督促执法主体依法履行法定职责。

2. 及时修订安全法规

要改变我国铁路安全方面法律体系不健全，法规内容无法满足铁路安全事业现行要求的现状，应当在铁路交通的建设过程中，强化安全理念并优先保障。排除安全风险，精准实施防控，离不开安全法规的及时修订和颁发，要以铁路之改革发展凝聚法治共识，及时将有效的风险防控经验上升为法律规定。目前我国的铁路运输包括普铁和高铁运输、货物运输和旅客运输，但以《铁路法》《铁路安全管理条例》为主的铁路安全法律体系对不同类型的铁路安全风险管理作出的回应较为宽泛，《铁路交通事故应急救援和调查处理条例》也是基于事后的应急处置而出台的规定，而专门应对铁路安全风险的规章制度更多是由铁路系统内部制定且标准不一，难以满足我国铁路安全防控事业的发展需要。因此笔者认为，一线作业人员、监管部门和公安部门各司其职，根据前文提及的风险类别，对铁路运营中出现的新安全风险作好记录和评估，再根据相应记录及时提出修订相关规章中不合时宜的风险防控措施的意见和建议，以应对铁路交通发展中的种种新风险和新情况。

（二）健全铁路安全防控的作用机制

社会共治和协同治理作为近年来政府持续推进简政放权、加强公众参与社会公共事务的热门词条，频繁出现在学界的讨论话题之中。健全铁路安全防控的作用机制应从主体、制度、技术三方面出发。

1. 主体多元化

实现防控主体多元化，有利于改变铁路监管机构独立支撑的不利局面，应将政府、铁路运营企业和社会组织纳入铁路安全防控系统。要明确各方主体责任，在铁路建设、运营和维护的主要流程中合理分配安全责任以实现对安全风险的精准防控。铁路监管部门把好生产关口，严格检验相应设备设施和零部配件，依据国家规定标准实施监管工作，最大限度地排除可能出现的生产风险；铁路公安和地方公安间建立完善的情报共享机制，保障铁路内外的公民人身安全和财产安全；铁路企业应加强对铁路职工的安全培训，提高对安全风险的警觉性，提升安检人员和铁路安全中关键职工的职业素养；铁路周边的社会组织和公民应自觉守法，并及时举报危及铁路安全的违法行为。防控主体的多元化对应着安全防控任务的分解，但也意味着铁路安全防控队伍的膨胀，健全安全防控的作用机制要随时对"社会共治"和"协同治理"附带的不利后果保持警惕，才能凝聚社会力量，有效保障铁路安全。

2. 制度规范化

制度的构建和完善应依据铁路建设和运营维护的总体流程，从铁路规划到工程建设，从投入运营到维护保养，规范的防控制度一直都是规避铁路安全风险的有力支撑。风险防控的成文制度固然常常落后于现实发展，但科学稳定的防控制度会为各项蕴含着风险的工作内容提供基本指引，保障我国铁路事业的建设与发展在安全稳定的环境中运行。

3. 技术标准化

无论是货运列车还是客运列车，都曾被人形容为"一头疾驶的钢铁怪兽"，"钢铁"飞驰在铁轨上表明科技的飞速发展已将人类对自然的利用提升至一个新的高度。但技术不是万能的，更不是万无一失的，尤其是在对技术设备依赖性极强的铁路运作系统中，一旦技术本身出现问题或是使用技术的人出现失误，都会造成无可挽回的损失。铁路基础通用技术、专用设备技术和试验方法等都应当遵循统一的标准，技术标准化可以最大限度的将技术带来的安全风险降到最低。

（三）发展铁路安全防控的安全文化

有意识地营造良好的安全氛围，积极发展铁路安全文化，能够进一步发展社会各主体的安全意识，加强铁路安全风险防控事业建设的公众参与和社会支持。"安全文化"一词在我国的学术研究中通常与企业安全或生产安全相联系，但安全文化的作用环境并不局限于前述情况。安全文化的概念滥觞于切尔诺贝利核电站事故，由于事故本身的最终结论是人因失误，国际应急研究学者迫切寻求此类安全事故的根本解决办法[1]，"安全文化"由此流行起来，该理论致力于提高人的安全意识，转变"人"本身的安全防范理念。在铁路安全防控建设中，安全文化更多出现在铁路系统内部的企业安全培训中，同铁路企业文化相连，深化铁路职工对于安全防范的认可，强调以人的认知规律规范作业人员的工作行为。但安全文化的内涵在今天，已经从企业文化延展至行业文化，再到社会总体的安全文化[2]。铁路安全防控的建设不应只是强调铁路从业人员的安全文化发展，更应当重视社会整体的铁路安全文化培养，提升民众的铁路安全风险防范水平，加强民众的铁路安全应急知识教育。人是风险社会理论中社会文化及心态风险的制造主体，无论是铁路工作人员还是社会民众，都应被纳入安全文化的建设工作中，共同营造良好的安全氛围之形成，降低事故风险发生概率，让安全和稳定贯穿我国铁路运输的建设进程。

---

[1] 王秉、吴超：《安全文化学》（第 2 版），化学工业出版社 2021 年版。
[2] 陈世华：《论民众安全教育与社会安全文化建设》，载《劳动保护》2021 年第 11 期，第 51 页。

专题二：
中美铁路安全法规比较研究*

一、我国铁路安全法规立法背景

（一）中国铁路的崛起与未来

150年以前，"铁路"这个陌生名词是当时绝大多数中国人都无法接触和理解的。直到1875年，上海铺设了一条长约14.5千米的吴淞铁路，中国这片广袤的大地上首次诞生了铁路的概念。1909年，詹天佑主持修建完成的京张铁路成为中国自主修建的第一条铁路。新中国成立以后，国家对铁路建设的重视达到了空前的高度，铁路线路从"路网稀疏"到"四通八达"。至2022年，全国铁路营业里程达到15.5万千米，其中高速铁路达到4.2万千米[①]；从蒸汽机车发展到内燃机车再到今天的电力机车，"蒸汽时代"到"高铁时代"的科技转变将"中国高铁"打造成了我国科技创新与制造业进步的一张显赫的名片。立足当下、放眼未来，不难发现中国铁路大有可为。于内，中华民族伟大复兴的内在要求时时刻刻敦促我们要坚决贯彻实施党中央"建设交通强国"的决策部署，无数铁路人正朝着2035年率先建成发达完善的现代化铁路网的美好蓝图而努力进发；于外，立足于互联互通这一核心要义的"一带一路"建设不断发展，赋予中国铁路更多的历史使命与时代价值。可以肯定地说，中国铁路的未来与中国发展的未

---

* 本部分内容由西南交通大学公共管理学院法学系副教授陈迎新撰写。
① 中华人民共和国交通运输部发布的《2022年铁道统计公报》，https://www.mot.gov.cn/tongjishuju/tielu/，2023年7月17日浏览。

以及法律责任。

　　法律之下的行政法规主要包括《铁路安全管理条例》以及《铁路交通事故应急救援和调查处理条例》。《铁路安全管理条例》为适应铁路体制改革的需要和铁路快速发展的形势，对铁路安全管理体制、铁路建设质量安全、高速铁路安全、铁路运输安全保障等方面作出了规定。关于《铁路安全管理条例》在实际运行中存在的不足之处已有学者进行过专门的分析，其主要内容如下：（1）我国现行《铁路安全管理条例》中关于铁路运输安全监管制度规定于第三、四、五条，从中可以看出现行监管体制仍带有政企合一的痕迹，这与我国目前的实践以及改革的方向不符；（2）《铁路安全管理条例》中新规定的保护区制度应当做范围扩大处理，以更加符合多方面的保护要求；（3）《铁路安全管理条例》的规定虽然更加细化了，但也带来了部分内容分散的问题，对于高铁这一蓬勃发展的事物应当有整合、规范的统一规定，这样才能满足日新月异的高铁发展需求，为之保驾护航；（4）部分条文因涉及的上位法有所调整，其规范内容也应当修改，如《铁路安全管理条例》第六十四条第三款关于保护旅客身份信息的内容"铁路运输企业应当采取有效措施为旅客实名购票、乘车提供便利，并加强对旅客身份信息的保护。铁路运输企业工作人员不得窃取、泄露旅客身份信息"和第一百零二条"铁路运输企业工作人员窃取、泄露旅客身份信息的，由公安机关依法处罚"中关于窃取、泄露旅客身份信息的规定现在看来还不够全面、细致；（5）《铁路安全管理条例》针对社会公众保护铁路运输安全所规定的责任及义务只属于道德层面上的，普通个人对铁路安全确实不负有法律强制义务，不过考虑到铁路安全的重要性以及一旦产生危险则有可能是一场重大的危机的严重性，应当将公众的报告确定为应尽义务并给予相应的奖赏。[1]《铁路安全管理条例》作为行政法规，属于法律之下为完善相关法律条文而做的细致的补充性规定，其在实际操作中发挥的作用是十

---

[1] 程亮生、李素琴：《〈铁路安全管理条例〉立法评析与修改建议》，载《山西省政法管理干部学院学报》2018年第2期，第40页。

分巨大的。《铁路交通事故应急救援和调查处理条例》的制定则是为了保障铁路交通事故的应急救援工作的顺利进行，规范铁路交通事故调查处理，减少人员伤亡和财产损失，保障铁路运输安全和畅通。

铁路安全相关部门规章主要有《铁路危险货物运输安全监督管理规定》《铁路旅客运输安全检查管理办法》《铁路专用设备缺陷产品召回管理办法》《违反〈铁路安全管理条例〉行政处罚实施办法》《铁路交通事故应急救援规则》《铁路建设工程质量监督管理规定》《铁路交通事故调查处理规则》《铁路建设管理办法》《铁路技术管理规程》《铁路建设工程勘察设计管理办法》等。规范性文件主要由原铁道部时期制定的规范性文件和2013年以后国家铁路局发布的规范性文件组成，其中原铁道部时期制定的规范性文件已经进行了全面的清理，合理划清了政府和企业的管理范围。

总体而言，我国铁路安全法规体系呈现出典型的金字塔型结构，即金字塔尖的法律和行政法规数量较少，效力层级较低的规章和规范性文件组成了金字塔底。对比，我们提出如下疑问：铁路安全作为铁路发展永恒的重要话题，仅以《铁路法》对此进行专章规定是否适应当下的发展？作为金字塔尖具有统领作用的法律是否应当给予铁路安全一个位置？现有的条例规定是否能承担起细化法律规定、协调上下位法、切实执行具体操作而将铁路安全落实到实地的任务？以上问题仍值得进一步研究讨论

三、美国铁路安全管理法律法规体系构成及现状

美国铁路安全法始于1893年颁布的《铁路设施安全法》，通过一个多世纪的发展，直至今日已经形成了较完备的铁路安全法律法规体系，有效地保障了铁路安全。其在铁路运行安全和铁路技术标准方面的立法，分工明确，相互协调。[①]近年来我国在铁路技术以及高铁里程方面的发展位居世界前列，分析美国铁路安全方面的法律法规，有利于完善健全我国铁路安

---

① 王志刚：《中美铁路安全法规制度比较及借鉴》，载《中国安全科学学报》2018年第S2期第28卷，第12页。

全相关立法。

（一）美国铁路安全法律体系

分析美国铁路的立法层次以及美国立法权和联邦制的特点可以看出，美国的铁路安全立法主要分成两个层级，即国家层面的立法和政府的运输部门及其机构的立法。这两个层级的铁路安全立法有着不同的内容。从国家层面来讲，主要是美国国会颁布的综合运输和铁路安全法律，这主要是从宏观层面来对铁路安全做出规制，相对而言具有指导意义。从政府相关机构来看，主要是依据国会颁布的铁路安全法规制定的更为细致具体的铁路安全规章。具体见表 2-1：

表 2-1　美国铁路安全法律体系

立法主体	法律法规
美国国会	《运输法》《危险货物运输法》《地面运输安全法》《综合交通职工测试卷》《职业安全与健康法》《安全、负责、灵活、高效的运输权益法：使用者的馈赠》《国家运输安全委员会再授权法》《紧急运输安全基金法》《铁路安全设施法》《联邦铁路安全法》《铁路安全与服务改善法》《联邦铁路安全授权法》《工作时间法》《事故报告法》《机车检测法》《信号检测法》《铁路安全实施和审查法》《电源或列车制动安全设施法》《联邦雇主责任法》
政府部门	《运输工作场所药物和酒精测试程序》《危险货物规定》《铁路事故报告规则》《机车防撞性规则》《铁路货车安全标准》《铁路桥梁安全标准》《铁路机车安全标准》《线路安全标准》《铁路安全执法程序》《州参与安全法规》《铁路工作场所安全规定》《特殊通知和紧急命令规程：铁路货车、机车和设备》《铁路作业规程》《酒精和药物使用控制》《铁路作业实践》《铁路通信》《列车尾部标识设备》《机车车辆安全玻璃标准》《货车尾部反光设备安全标准》《铁路事故/事件报告规则》《职业性噪声接触》《铁路职工工作时间规定》《蒸汽机车检查与养护标准》《铁路安全设备标准》《货车或其他非客运列车和设备的制动系统安全标准》《信号系统报告标准》《平交道口信号系统安全和州行动案》《客运设备安全标准》《旅客列车紧急应对措施》《机车司机资格与认证》《乘务员资格与认证》《对铁路员工的安全培训、授予资格和监管》《部分危急事件应急预案》

通过以上对美国铁路安全法律体系的分析可以看出，其国家法律主要决定铁路行业的广泛安全标准以及分配授权责任，使运输当局成为实施安全管理的有效主体。运输主管部门作为铁路安全法的执行机构，以确保安全法的执行根据法律的有关要求为目的，负责制定相应的规章制度，提供有关铁路运营的具体指导。运输授权系统所有安全法规在颁布之前必须提交国会审查。只有在国会批准后才能颁布和实施。安全法规颁布之后，交通运输部会定期审查这些规定，从而保障这些规定在实践中有效且准确地落实。

（二）主要内容

通过对美国铁路安全法律体系的介绍可以看出美国铁路安全管理法律的规模十分庞大，涵盖了广泛的内容，涉及铁路安全的诸多方面。对其主要内容的种类划分如下：

1. 铁路安全与风险管理

美国铁路立法充分体现了对安全管理的重视。多部法律法规中均涉及安全管理机构的设置、职能、工作内容和范围，职工工作时间管理、从业资质考核与教育培训，司机资质审批和管理，职工酒精和药物安全测试管理等内容。主要体现在《运输部法》《国家运输安全委员会再授权法》《工作时间法》《综合交通职工测试法》《运输工作场所药物和酒精测试程序》《酒精和药物使用控制》《机车司机资格与认证》和《危险货物规定》等法律中。除此之外，将铁路安全与风险管理结合，根据《铁路安全改善法》，铁路经营者应制定综合的安全风险规避计划，结合风险评估的知识，对铁路安全风险进行专业系统评价。通过将法律与其他学科相结合的方式，可以更加有效地提高铁路安全水平。

2. 铁路设备安全管理

设备的安全与否直接关系到铁路安全能否得到保障。如果设备本身就不达标，那么铁路安全也将无从谈起。通过数据统计可以了解到，在铁路事故中，超过一半是因为设备的问题造成的。美国颁布了许多法律来保证铁路设备的安全，对安全标准、铁路线路、机车车辆、通信信号和交通安全设备的定期检查、维护和保养以及安全技术设备的配置和应用提出了具体且明确的要求。主要有《铁路安全设施法》《机车检测法》《信号检测法》《联邦铁路安全授权法》和《铁路安全实施和审查法》《线路安全标准》《铁路货车安全标准》《铁路机车安全标准》《铁路桥梁安全标准》《客运设备安全标准》等法律进行规定。

3. 应急事故处理

运输部门依据《铁路安全改善法》的规定颁布相应的配套规章，以确保采取应急措施的合法和有效。订立《旅客列车应急准备》和《客运设备安全标准》，对事故应急救援设备设置、事故应急救援措施、应急救援人员管理及培训等方面进行了规定。通过对列车员工的培训以及配套设施的安排，来保障员工在紧急情况下的事故处理能力。

4. 人员安全的保障

美国铁路安全法中规定了对铁路工作人员与旅客安全的保障，要求铁路经营者对员工的人身安全做出必要的保护，详细规定了应为员工提供的安全保障设备等措施，且对旅客人员的安全也做了要求。对人员安全的保障具体见于《铁路安全改善法》和《铁路运营规则》中。

5. 事故之后的处理

对于铁路事故发生之后的调查处理，在美国铁路安全法律及多部行业规章中均有具体的规定。其中，《国家运输安全委员会再授权法》《铁路安全改善法》《事故报告法》《机车测试法》《信号检测法》中涉及的相关内容主要包括铁路事故调查机构的设置以及职权和责任的分配、事故调查报告的管理制度等。行业规章《铁路事故报告规则》主要是针对事故的调查处理而制定的，它对铁路行车事故进行了定义与分类，规定了事故的报告制度、事故的调查管理及违反相关规则的处罚等内容。

通过对美国铁路安全法律主要内容的概括，我们不难看出其安全法相关的内容是较为具体的。其从铁路安全的整个过程出发，具体到每一个环节，使得法律在实践中具有很强的操作性。

（三）特点

1. 铁路安全法律体系完善

美国铁路安全法有着完备的体系，无论是宏观指导性的法律还是具体详细的法律都在实践中充分发挥了各自的作用。通过分析可知，美国铁路安全法的两个层级体系是比较合理的。国家层面的立法从宏观出发，基于铁路长远的发展方向总体把握国家铁路安全的实际需求，这些法律相对于政府相关部门及下属机构制定的规章而言具有更高的法律效力，具有很强的指导意义。政府相关部门及下属机构根据美国国会颁布的铁路安全法规，制定更加具体详细的规章，使得具有更高法律效力的铁路安全法能够真正的落实。虽然其法律效力低于国会颁布的铁路安全法，但其具有很强的针对性，具体到铁路安全的各个方面，在铁路企业的实际运营作业过程中发挥了巨大的作用。除了铁路运输的安全立法以外，在铁路技术性以及安全标准等方面也都做了大量的立法工作。美国铁路安全方面的立法，有宽有窄，不同的方面均有涉猎，且结合了实践，形成了较为完善的法律体系。

2. 覆盖范围广，内容充足

美国有关铁路安全的法律法规还具有覆盖面广泛、内容充足的特点。其法律法规基本涵盖了铁路运输安全的各个方面，涉及铁路安全与风险管理、铁路设备安全、应急事故的处理和事后调查、人员安全等，并且在与以上几个方面相关的法规中又作了详细的规定。例如，除一些必要的保护铁路工作人员的法律权益的规定之外，增加对其人身安全设备的配给的规定；规定交通运输部门对具体的规章定期审查，保障其内容的合理性和符合实践的要求；等等。

3. 对铁路安全相关的立法足够的重视且执行到位

美国对铁路安全的立法相当的重视，这单从其立法数量就可以看出。根据有关统计，自1893年第一部有关铁路安全的法律《铁路设施安全法》颁布至今，美国国会先后颁布的涉及铁路安全的综合法及专门的铁路运输法超过了20部，且都被赋予了很高的法律地位。在制定法律的同时，政府相关部门及下属机构还制定了大量的部门规章来具体实施有关铁路安全法的要求。美国铁路安全相关的立法在得到了足够的重视的同时，也显示出了较强的执行力。只有重视而不执行具体的落实措施，那铁路安全立法将流于形式。所以足够的重视和具体到位的执行是完善铁路安全立法必不可少的两个部分。

综上所述，美国在铁路安全方面的立法已经形成了成熟且完善的体系，不同层次有着不同的规定，且相互协调。其内容全面且符合实践的要求，基本涵盖铁路安全相关程序的每一个环节。

四、我国铁路安全法规存在的问题与借鉴完善

（一）我国铁路安全法规存在的问题

1. 铁路安全的法律体系不够健全

我国铁路安全法规的体系呈金字塔形，关于铁路安全的法律和法规制定较少，部门规章和规范性文件较多。我国现有的关于铁路安全的法律主要是《中华人民共和国铁路法》和《中华人民共和国安全生产法》这两部法律，而涉及铁路安全的内容仅仅是两部法律中的一部分，也就是说我国没有专门的铁路安全法律。《铁路安全管理条例》作为行政规范在保障铁路安全方面起到了很大的作用，但是其内容还不够完善。地方层面，根据在国家法律法规数据库的检索结果，目前我国只有十六个省区市制定了专门的铁路安全管理条例。涉及铁路安全的法规主要是由部门规章和规范性文件构成的，而部门规章和规范性文件法律层级较低，这就导致其适用范围比较狭窄，实践中可能会造成难以达到立法目的的情况。并且，众多的部门规章和规范性文件较为分散，不够体系化。

2. 现有的铁路安全法规内容不够完善

根据上文分析，我们可以得知，我国没有铁路安全的专门法律，而《中华人民共和国铁路法》等法律仅仅是对铁路安全进行了原则性和总体性的规范，并没有列出具体的标准和要求。适用较多的《铁路安全管理条例》虽然对铁路安全进行了比较详细的规定，但存在内容不够与时俱进、覆盖不够全面等问题。例如，对于高铁安全来说，已有法规的规定内容不够详细。高铁较普通火车来说，运行速度快，运行技术要求高，那么对于高铁的安全规范应当与普通火车有所区别。2020年5月6日，交通运输部等七部联合发布了《高速铁路安全防护管理办法》，于2020年7月1日起施行，该规章的公布施行，对于加强高速铁路安全防护，防范铁路外部风险，起到了一定的作用。但其仅由四十八个条文构成，规定得较为笼统，不足以应对当前我国高铁事业快速发展、矛盾和问题频发的现状。就地方性法规而言，虽然各地方有关于高铁安全的规定，如《四川省高速铁路安全管理规定》，但是如果没有上层法律做支撑，各地制定的法规就会缺乏法律依据，难以适用。

3. 立法存在缺陷和漏洞

（1）有些部门为了满足铁路快速发展的需要，会制定一些暂行规章或规范性文件，不同部门制定出的规章或规范性文件存在适用范围不一、适用标准和要求存在区别的情形，会导致其内容与上位法出现冲突等问题。另外，即便是法律效力同级、制定主体相同的法律法规也会存在标准不一、适用条件不同等情况。

（2）关于铁路安全的法规存在漏洞。根据《铁路安全管理条例》第一百零三条和第一百零四条[①]，该条例对涉及铁路建设、运输、设备制造维修

---

① 《铁路安全管理条例》第一百零三条："从事铁路建设、运输、设备制造维修的单位违反本条例规定，对直接负责的主管人员和其他直接责任人员依法给予处分。"第一百零四条："铁路监管部门及其工作人员不依照本条例规定履行职责的，对负有责任的领导人员和直接责任人员依法给予处分。"

的单位和监管部门及工作人员的处罚标准并不明确,仅是"依法给予处分",执法者的自由裁量权过大,可能会出现同案不同罚等不公正现象。

4. 铁路安全监管体系存在漏洞

(1)随着国务院机构改革,原铁道部先改制为国家铁路局和中国铁路总公司,实现了政企分开,中国铁路总公司后改制成立中国国家铁路集团有限公司,铁路改革进一步深化。但目前管理权限和职能划分还不够完善。国家铁路局承袭了原铁道路的行政职责,对于铁路局而言,既要负责行政管理,又要负责安全监管。自我监管存在缺乏问责机制的问题,可能会造成滥用权力的情况。[①]

(2)政企分开后,有些企业不能正确处理安全与效益的关系,导致安全问题频发。而铁路安全监管体系尚不完善,不能很好地督促和监管铁路企业保障铁路安全。

(二)我国铁路安全法规的借鉴与完善

根据我国国情,可以借鉴美国铁路安全法律法规体系,推进我国铁路安全法律体系、法规内容、立法质量、监管体系等的进一步完善。

1. 健全铁路安全法律体系

(1)制定《中华人共和国铁路安全法》作为专门的铁路安全法律。我国迫切需要制定一部专门规定铁路安全的法律,为已经制定的铁路安全法规、规章和规范性文件提供法律依据,将保障铁路安全提升到法律高度。该法应当对铁路的建设、运输、设备制造维修等的安全问题作出全面规定,确定安全标准和要求,明确监管权限和范围。[②]

(2)加大立法力度,促进铁路安全法制化。推动颁布涉及铁路安全的各项法律,新增和完善与铁路安全法律配套的法规,健全完善地方铁路安

[①] 李艳、李玲芳、朱成全:《我国铁路安全管理存在的法律问题及对策》,载《山西省政法管理干部学院学报》2015年第4期,第24-27页。

[②] 王建国、钟贤:《铁路法规体系研究与探讨——用法治思维促进铁路可持续安全发展》,载《铁道经济研究》2015年第6期,第38-44页。

全法规制度体系，调整已颁布的部门规章和规范性文件使其体系化，构建以若干法律为第一层级、适当行政法为第二层级、相应部门规章为第三层级的铁路安全法律体系，建立起科学完备的制度体系。[①]

2. 完善铁路安全法规的内容

（1）定期对已经颁布的法律、法规、部门规章和规范性文件等进行审查，及时进行更新和完善，使其符合铁路运输安全管理的新形势。例如修订《中华人民共和国铁路法》，以法律形式明确规定铁路行业管制机构的组成、法律适用范围、法定权力、监管机构等内容，保障立法与时俱进。

（2）建立铁路相关技术行业标准，在实践中提升可操作性，交通运输部于2017年7月正式发布《铁路技术安全规程（征求意见稿）》，向全社会公开征求意见，后铁路局也发布了《铁路工程施工安全技术规程》等一系列行业标准，未来随着铁路安全技术的具体标准更加明确，我们将会进一步实现从依靠行政法规向安全技术立法的转变。

（3）完善对高铁安全的立法规定。[②]基于高铁与普通火车的区别，应当积极推进高铁安全立法，在整合《铁路安全管理条例》的基础上单独作出规定。我国于2020年7月1日颁布施行了《高速铁路安全防护管理办法》，其主要规定了原则性的高铁安全监管及监督检查等。未来应在其基础上进一步细化立法，其具体内容应包括高铁安全管理的主体及其权利义务、高铁建设、专用设备、线路、运营等方面的安全、高铁应急管理制度，以保障高铁安全运营。

3. 提高铁路安全的立法质量

（1）建立健全立法听证制度。在起草法律、法规草案或制定规章时要征询公众意见，贴近现实，听取社会公众的合理建议，从而实现民主立法。

---

① 田根学：《加强铁路法制建设，促进铁路跨越式发展》，载《中国铁路》2006年第3期。
② 关宁宁、张长青：《国外高速铁路安全立法及其启示》，载《铁道经济研究》2012年第2期，第11-15页。

（2）建立健全专家咨询论证制度。在立法时主动征询专家意见，同时也应当提高立法者的专业水平，从而实现科学立法。

（3）建立立法质量的跟踪和评价制度。对已颁布的法律法规进行跟踪和分析，及时处理现实中出现的问题，修正相应的法律法规。

4. 完善铁路安全的监管体系

（1）建立铁路安全管理体系。我国铁道部实现政企分开后，对于铁路安全生产监督管理的职责主要划分为国家铁路局。国家铁路局的职责和义务应当要明确。尤其是明确规定处罚的标准，按照违法违规行为的性质、情节、社会危害程度等因素来细化处罚标准，限制执法者的自由裁量权。

（2）建立健全有效的监督制度和机制。首先，加强层级监督和监察等专门监督，提高监督效能，从源头上保障行政权的正确行使。其次，成立第三方监督机构。由于自我监督的有限性，应当引入第三方监督，从外部落实和贯彻铁路安全监督，保障法律的权威性和铁路安全的实现。

专题三：
统一铁路与民航旅客黑名单制度研究*

旅客黑名单制度的本质是克减公民的交通基本权，而交通基本权是《交通运输部2022年立法计划》启动起草的《交通运输法》所要促进和保障的目标。[①]我国已分别施行了铁路、民航两种有差异的旅客黑名单制度。其中，铁路旅客黑名单的主要制度渊源为《关于在一定期限内适当限制特定严重失信人乘坐火车 推动社会信用体系建设的意见》（发改财金〔2018〕384号）（以下简称《限制乘坐火车的意见》）；[②]地方性法规《广东省铁路安全管理条例》（2018）也包含了铁路旅客黑名单的制度内容。民航旅客黑名单的主要制度渊源为《关于在一定期限内适当限制特定严重失信人乘坐民用航空器 推动社会信用体系建设的意见》（发改财金〔2018〕385）（以下简称《限制乘坐民用航空器的意见》）。尽管运输方式的不同可能影响其旅客黑名单制度的内容，但不同运输方式的旅客黑名单制度却有相同的本质、相同的规范对象并要解决相同的问题，启动《交通运输法》的立法工作为统一适用于不同运输方式的旅客黑名单制度提供了契机。学界多以

---

* 本部分内容由西南交通大学公共管理学院法学系副教授魏琼和西南交通大学公共管理学院法学系法学硕士研究生张靖旋撰写。
① 准确把握交通运输立法定位，央广网，https://auto.cnr.cn/yc/20220730/t20220730_525939105.shtml，2022-07-30；2022年11月22日访问。
② 《限制乘坐民用航空器的意见》与《限制乘坐火车的意见》中的"一、限制范围"包括（一）和（二）两部分，（一）分别列举了不良乘坐民用航空器或火车的行为人，（二）列举了其他领域的严重违法失信行为有关责任人，内容完全相同。因惩罚其他领域的严重违法失信行为有关责任人与旅客黑名单制度的目的——维护交通运输秩序和安全本身无直接关联，该两个文件中与此相关的规范不属于"旅客黑名单"的制度范畴。

铁路或民航旅客黑名单制度为对象分别进行研究，尚未发现探讨是否有必要及如何统一旅客黑名单制度的成果。本文将比较现行的铁路与民航两类不同运输方式的旅客黑名单制度的共性和差异，反思其合法性、合理性及体系性上的不足，提出并论证统一旅客黑名单制度的方案。

一、通过设立与实施旅客黑名单行使行政惩罚权应具备的正当性要求统一旅客黑名单制度

旅客黑名单渊源于黑名单，黑名单的本质是惩罚。"黑名单"一词译自英文"blacklist"，肇始于英国知名学府对品行不端学生名字的记载，在商事领域被广泛用于惩戒破坏商业信用体系的商事主体，指"不可接受的或不可信任的人或团体的名单，经常被记下来以示惩罚或排斥"[1]；在公共管理领域，指"有关部门开列的不合格产品或违反规约的企业、个人等的名单，通过一定渠道向社会公布"[2]。可见，黑名单是特定机构根据其职能或授权，通过设立不良记录并向社会公示，达到限制有失信或不端行为的企业、组织或个人的权利或揭示其不良信用之目的的方法，具有惩罚被列入者的功能。

（一）设立与实施旅客黑名单的本质是用行政权力惩罚不特定的旅客个人

国内学界对旅客黑名单的概念认识有分歧。例如，对铁路旅客黑名单，有人定义为"政府机关依据法律、行政法规，基于信用约束和社会惩戒目的所设立的、面向社会公示的在铁路运输中存在严重违法失信的企业和自然人的信息记载"；也有人认为其"指国家铁路集团有限公司为了保证铁路交通运输领域的稳定，依法对扰乱铁路运输秩序和铁路安全，造成严重

---

[1] Bryan A. Garner. *Black's Law Dictionary*, 10th ed. London: Thomson Reuters, 2014:203.
[2] 中国社会科学院语言研究所词典编辑室：《现代汉语词典（第6版）》，商务印书馆2012年版，第530页。

社会不良影响的人，通过设立不良记录并向社会公示，限制其乘坐火车高铁等"①的旅客名单。二者的共性在于都认为被列入的原因是被列入主体存在违法行为，被列入的后果是向社会公示以示的惩罚。二者的差异：一是在"设立与实施主体"的范围上，前者认为是"政府机关"，而后者限定为企业（国家铁路集团有限公司）；二是在被列入主体的范围上，前者包括企业和自然人，后者仅包括旅客；三是对被列入行为场所的限制不同，前者限制在"铁路运输中"，后者却未限制。对民航旅客黑名单，有人认为其指由航空运输企业制定发布的，针对个别旅客的不良乘机行为，为确保航空运输安全而拒绝该乘客登机的规则或制度②，也有人认为其指由国家行政主体或航空公司拟定公布的，对于既往乘机的过程中被记载了不端行为，并且有关行政部门或航空公司有合理理由相信当事人仍有可能再次实施类似行为的旅客，拒绝对前述人员再次乘机的规则或制度。③以上两观点皆认可被列入主体系旅客，被列入原因是旅客出现了不端或不良乘坐行为，被列入后果是被列入旅客将被拒绝登机。但是，前者认为民航旅客黑名单的设立与实施主体是"航空运输企业"，后者则认为是有关的"行政主体"与"航空公司"。

学界对黑名单的概念和外延尚不统一，本文认为旅客黑名单的性质是具有法律强制约束力的行政黑名单，是"由专门机关根据职权或者法律授权，针对具有社会危害性的不法不文明行为群体，通过向全社会或全行业公示行为人相关信息，以达到惩戒警示目的的法律制度"④。从法理上看，旅客黑名单有以下特征：（1）旅客黑名单的被列入主体具有"旅客"身份，

---

① 周甜甜：《铁路黑名单的法律规制》，载《怀化学院学报》2019 年第 38 卷第 4 期，第 71-76 页。
② 邹开亮、彭洁璇：民航旅客"黑名单"制度的法律思考》，载《江苏海洋大学学报（人文社会科学版）》2016 年第 14 卷第 10 期，第 29-32 页。
③ 王子佩：《中国航空旅客黑名单制度问题的法律研究》，华东政法大学 2019 年硕士学位论文
④ 高志宏：《我国民航旅客黑名单的三元体系及其救济途径》，载《法学杂志》2020 年第 41 卷第 4 期，第 32-41 页。

之所以被列入该类黑名单，是因其出现了违反其作为旅客而应承担的法定义务的行为，不具有旅客身份，就不能被列入旅客黑名单。（2）设置旅客黑名单的目的在于维护交通运输秩序和安全，即通过曝光违法、违规的被列入者，实现惩戒、警示、教育和预防再犯的功能，从而保障交通运输安全和不特定多数旅客的整体利益。为惩罚其他严重违法失信人而设立的限制乘机、乘坐火车的名单，因其设立目的并非为维护交通运输秩序和安全，不属于本文研究的"旅客黑名单"范畴。（3）旅客黑名单的设立与实施主体所行使的权力系行政权力，设立与实施旅客黑名单的目的"维护交通运输秩序和安全"属公共利益范畴，这使其区别于私主体维护自身利益的黑名单而具备了公权力黑名单属性。从影响范围上考量，旅客黑名单定期通过网站向外公布，面向社会公众，作用效果及于全社会且具备较高权威性，与一般的行政黑名单无异[1]。

（二）制定旅客黑名单制度的目的在于规范设立与实施旅客黑名单的复合型行政行为

因关涉不特定多数人交通基本权的克减，制定旅客黑名单制度的目的，在于规范公权力主体为维护交通运输秩序和安全而设立与实施限制违法行为人乘用民航飞行器、火车等交通运输工具的行政行为。可见，设立与实施旅客黑名单系行政机构依法行政的行为，其主体当依法享有行政惩罚权，其列入旅客黑名单的实体条件与后果、实施与救济的程序，当事前由法律统一进行规定，才能为行政主体依法行政提供实体和程序标准。学界对旅客黑名单制度所规范的行政行为及其属性的认识也有分歧，多因循行政行为形式理论的传统范式，认为旅客黑名单制度规范的行政行为系单一的具体行政行为。对这种单一的具体行政行为到底系何种行政行为的认识，有"行政处罚""行政强制""公共警告""行政指导"等不同观点。[2]

---

[1] 秦珊珊：《行政"黑名单"制度研究》，南京大学 2013 年硕士学位论文。
[2] 马宏浩：《行政黑名单制度研究》，吉林大学 2018 年硕士学位论文。

根据行政过程论研究范式①对旅客黑名单制度所含各阶段行政活动做整体与动态的考量发现,旅客黑名单制度的规范对象系复合型的行政行为,即设立与实施旅客黑名单的公权力主体的行政行为,包含"拟列入—列入—公布—惩戒—移除"五种依次递进的行为,它们可能由同一主体承担,也可能由不同主体承担。"拟列入"是"列入"的准备过程,包括当事人的参与程序、作出列入决定的信息传递等行为;"列入"是"公布"的前提,以列入决定和非列入决定两种方式呈现,"列入"需待"公布"后才能实现内部行政行为外部化而成为具体行政行为;面向社会公众的"公布行为"是"列入行为"的结果,是具有惩罚功能的行政事实行为,属"公共警告";面向当事人的"公布行为"在客观上同样可能会造成信誉信用贬损、督促或间接强制履行行政法上确定义务的事实效果;"惩戒行为"是以上过程行为的结果,属行政处罚,包括"资格罚"和"人身罚"两种;"移除"是"因列入而公示并惩戒"后的终点行为,一旦完成相应惩戒或满足不应惩戒的条件,就要将列入黑名单的旅客移出黑名单,从而解除对其合法权益的限制。

可见,设立与实施民航或铁路旅客黑名单具有相同的本质,即克减旅客个人的交通基本权,民航或铁路旅客黑名单制度皆以设立与实施旅客黑名单的"拟列入—列入—公布—惩戒—移除"五项复合型行政行为为规范对象,都应解决四个相同的问题:(1)设立与实施黑名单的权力应授予哪些主体?(2)哪些人的哪些行为应被列入黑名单而被公示并惩罚?(3)应按照什么程序设立与实施黑名单?(4)出现错误时当如何救济当事人的权利?这些共性奠定了统一民航与铁路旅客黑名单制度的逻辑基础。

---

① 参见范伟:《行政黑名单制度的法律属性及其控制——基于行政过程论视角的分析》,载《政治与法律》2018年第9期,第93-104页。

（三）统一制定制度能更好地保障设立与实施旅客黑名单行政惩罚行为的正当性

与分别制定旅客黑名单制度相比较，统一制定制度能更好地保障设立与实施旅客黑名单行政行为的正当性。

首先，统一制定制度更方便旅客黑名单制度具备形式合法性和实现体系化。设立与实施旅客黑名单的本质是惩罚，其制度规范的对象属于行政处罚，存在侵犯公民权益的可能，因此其创设应受到《中华人民共和国立法法》的约束，当由法律、行政法规创设。换言之，只有根据法律或行政法规设立的旅客黑名单制度，才具有形式合法性。对选择不同交通方式的旅客，统一制定法律或行政法规形式的旅客黑名单制度，规定不同运输方式之旅客黑名单制度皆应解决的共性问题，化繁为简，方便避免相互冲突，保障其价值的融贯性和适用的同一性从而实现体系化。当然，这并不排除通过规章及行政规范性文件的形式对统一旅客黑名单的法律或行政法规的内容进行细化，以适应不同运输方式可能存在的特殊需要。

其次，统一制定制度更能保障旅客黑名单制度的实体惩罚具备公平性。民航、铁路等公共运输行业因与社会公众利益的高度关联、监管专业化程度高、社会大众信息获取成本高、信息不对称程度高、市场竞争度低等特点，需施加旅客黑名单这一特别行政监管以充分保障公共利益，避免被监管对象的机会主义行为倾向[1]。但是，被列入黑名单将直接限制旅客的交通基本权并有害其合法权益。对不同运输方式的旅客制定统一的旅客黑名单制度，更利于统一旅客列入黑名单的实体标准和惩罚尺度，保障惩罚的公平性，避免出现差异化处理相同或类似情形导致不公平的惩罚。同时，统一制定旅客黑名单制度，实现旅客黑名单的适用程序、救济与移除程序统一，能为保障旅客个人合法权益奠定基础。其中，既要把握旅客黑名单制度是五阶段行为连接而成的复合行政活动方式，注意五阶段之间的程序衔

---

[1] 倪寿明：《公布"失信者黑名单"的三重价值》，载《中国党政干部论坛》2013年第12期，第62页。

接，又要设计各阶段行为的不同程序规范，保障整个适用程序的正当性；既要使整个列入程序向被列入者公开，通过其对抗性的参与保障列入旅客黑名单的行政行为以事实为基础并符合法律的要求，又要安排完善的救济程序①和移除程序充分保障被列入者的合法权益，要在设立异议复核等内部救济机制的同时，准予适用外部的司法救济机制，避免司法实践中出现法院拒绝受理旅客黑名单行政诉讼的情形；要在完成相应惩戒或满足不应惩戒条件的情况下，规定将被列入者移出黑名单的程序，避免对其合法权益的过度或不当限制。

由上观之，尽管被列入民航或铁路旅客黑名单的行为可能因运输方式的不同而有差异，但是，克减旅客个人交通基本权的相同本质及其决定的共性，决定了统一制定不同运输方式的旅客黑名单制度，更方便其具备形式合法性实现体系化，更有利于统一惩罚标准避免相同或类似情形的差异化处罚，更有利于统一设立与实施旅客黑名单的适用和救济程序以防止对旅客合法权益的不当限制。

二、现行制度合法性、合理性及体系化的不足可通过统一旅客黑名单制度弥补

分别制定适用于民航、铁路等不同运输方式旅客黑名单单行规范的优势，在于充分适应不同运输方式的特殊要求。然而，比较《限制乘坐民用航空器的意见》与《限制乘坐火车的意见》发现，民航、铁路两种旅客黑名单制度在本应相同的共性内容上存在显著差异，皆有不足②，其合法性、合理性及体系性皆有待提升，而统一旅客黑名单制度的内容能消除这些不足从而提升其合法性、合理性及体系性。

---

① 柏凌、秦岭：《基于黑名单管理的社会监督稳定机制理论研究》，载《云南行政学院学报》2016 年第 18 卷第 5 期，第 115-119 页。
② 关于我国民航旅客黑名单制度的不足，参见高志宏,吴雨歌：《民航旅客黑名单正当程序制度研究》，载《江苏社会科学》2022 第 4 期，第 175-185、244 页。

（一）两类旅客黑名单制度与《中华人民共和国民法典》相抵牾

旅客黑名单制度克减旅客的交通基本权，限制被列入者乘坐飞机、火车的自由与《中华人民共和国民法典》要求公共运输承运人承担的强制缔约义务相抵牾，有违法律的体系性原则。《中华人民共和国民典法》第八百十一条规定公共运输承运人对旅客通常、合理的运输要求具有强制缔约义务，即只有当旅客提出"非通常或不合理"的运输要求时，公共运输承运人才有拒绝与其缔约的权利。根据旅客黑名单制度，一旦被列入旅客黑名单，公共运输承运人就有义务拒绝与其签订运输合同。然而，被列入旅客黑名单的实体条件并不等于旅客提出了"非通常或不合理"的运输要求，因此，旅客黑名单的实行与《中华人民共和国民法典》赋予公共运输承运人的强制缔约义务出现冲突。①

（二）授权铁路运输企业等承担设立与实施旅客黑名单的职责违反《中华人民共和国行政处罚法》

旅客黑名单属行政黑名单，其设立与实施过程中，面向旅客收集证据的行为可能损害被收集者的合法权益，向社会公众的"公布行为"可能会造成被列入者信誉信用贬损等惩罚性效果，限制其购买机票或车票的"惩戒行为"属行政处罚范畴，将限制旅客的交通基本权并可能损害其多种合法权益。因此，设立与实施旅客黑名单的主体，当依法享有调查、判断和惩罚等公权力，即必需是具有管理公共事务职能的组织，这是使旅客黑名单制度具备实质合理性的基本要素和保障公民合法权益的前提。

现行民航旅客黑名单的设立与实施主体皆为公权力机关。根据《限制

---

① 张长青、项肆：《铁路旅客黑名单制度的问题分析与破解》，载《北京交通大学学报（社会科学版）》2019年第18卷第4期，第162-166页。

乘坐民用航空器的意见》的二（一）和三的规定①，民航旅客黑名单的拟列入主体为公安机关和人民法院，列入、公布和惩戒主体为民航局。公安机关和人民法院承担将拟列入旅客的信息、被列入原因及其法律文书信息传递给民航局的职责；民航局承担将拟列入的旅客纳入限制乘机名单、公布并实施限制乘机名单的职责。根据《中华人民共和国民用航空法》的规定，民航局是"民用航空主管部门"，对全国民用航空活动实施统一管理，而设立和实施民航旅客黑名单是对民航活动进行管理的具体措施，属于其职权范围。

然而，铁路旅客黑名单的拟列入、公布、实施惩罚的主体是铁路运输企业，其拟列入的证据收集提交主体却为铁路站车工作人员。根据《限制乘坐火车的意见》的二（一）和三的规定②，铁路旅客黑名单的拟列入主体为铁路公安局或铁路运输企业；列入、公布和惩戒主体为铁路运输企业。

---

① 《限制乘坐民用航空器的意见》二、信息采集 （一）民航旅客相关失信信息采集 民航局应当和公安机关、人民法院协调建立信息推送机制。因本意见第一部分第（一）项所列行为而被公安机关处罚或者被追究刑事责任的，由做出处罚决定的公安机关和做出判决的人民法院将名单推送民航局，由民航局按照规定程序纳入限制乘机名单。三、发布执行和权利救济 民航局按照规定程序，每月第一个工作日在指定的民航网站和"信用中国"网站发布限制乘机名单信息，异议处理部门及联系方式应当同时公布。名单自发布之日起 7 个工作日为公示期，公示期内，被公示人可以向有关部门提出异议，公示期满，被公示人未站发布限制乘机名单信息，异议处理部门及联系方式应当同时公布。名单自发布之日起 7 个工作日为公示期，公示期内，被公示人可以向有关部门提出异议，公示期满，被公示人未提出异议或者提出异议经审查未予支持的，名单开始执行。被纳入限制乘机名单的人员认为纳入错误的，可以向有关机关、单位提起复核。

② 《限制乘坐火车的意见》：二、信息采集 （一）铁路旅客相关失信信息采集 在铁路站车发生上述行为，被公安机关予以行政处罚或立为刑事案件的，由相关铁路公安局通报相关铁路局集团有限公司，并纳入惩戒名单。未被公安机关处理的上述行为，由铁路站车工作人员收集有关音视频证据或 2 名旅客以上的证人证言或行为责任人本人书面证明，报铁路运输企业审核、认定后，纳入惩戒名单。三、发布执行和权利救济 各铁路运输企业每月第一个工作日在中国铁路客户服务中心（12306）网站、"信用中国"网站发布限制购买车票人员名单的完整信息，有关部门的异议处理人联系方式应当同时公布。名单自发布之日起 7 个工作日为公示期，公示期内，被公示人可通过铁路"12306"客服电话或向有关部门提出异议，公示期满，被公示人未提出异议或者提出异议经审查未予支持的，各铁路运输企业开始按照公示名单执行惩戒措施。被纳入限制购买车票名单的人员认为纳入错误的，可以向有关机关、单位提起复核。

铁路公安局承担将拟列入旅客的信息等通报给铁路运输企业的职责；铁路运输企业承担审核由铁路站车工作人员收集的有关音频证据或 2 名以上旅客的证人证言资料或责任人本人的书面证明并认定是否拟列入的职责；铁路运输企业承担将拟列入的旅客纳入限制乘坐火车名单、公布并实施限制乘坐火车的职责。根据《中华人民共和国行政处罚法》，只有法律、法规才能进行行政处罚权的授权且授权对象必须是具有管理公共事务职能的组织。因铁路运输企业及其站车工作人员并非具有管理公共事务职能的行政主体，并非适格的行政处罚权的授权对象且无相应授权，其不能作为铁路旅客黑名单的设立与实施主体。政企分开改革后，我国铁路运输企业属于公用事业的企业范畴而非依法成立的管理公共事务的组织，无资格接受行政处罚权的委托，更无权直接作出行政处罚。根据《国务院关于组建中国铁路总公司有关问题的批复》，中国铁路总公司（现国家铁路集团有限公司）继续承载的原铁道部的部分行政职能仅包括"承担国家规定的公益性运输，保证关系国计民生的重点运输和特运、专运、抢险救灾运输等任务"；尽管《中华人民共和国铁路法》《铁路安全管理条例》将部分行政职能授权给了铁路运输企业[①]，但这些法律规范所授权或委托的行政职能均与行政处罚权无关。

《限制乘坐民用航空器的意见》所规定的设立与实施民航旅客黑名单的主体皆具有法定的公权力，公民对这些公权力机构所做出的行政行为，依法享有提起行政诉讼并获相应救济的权利，这保障了设立与实施民航旅客黑名单之具体行政行为的正当性。但是，《限制乘坐火车的意见》将铁路运输企业等非公权力机构作为设立与实施铁路旅客黑名单的主体，其所作出的行为因其自身的企业主体地位而并非具体行政行为，不能通过行政诉讼程序救济当事人的合法权益，从而无法保障结果的公平性，易于侵害旅客的合法权益[②]。

[①] 例如，《中华人民共和国铁路法》授权铁路检疫机构对于车站或旅客列车内需要检疫的传染病进行检疫，《铁路安全管理条例》授权铁路运输企业对旅客进站进行安全检查。

[②] 秦岭、柏凌：《博弈论视角下的黑名单制度分析》，载《学海》2017 第 6 期，第 174-176 页。

（三）列入旅客黑名单的实体条件不清且差异化处理相同情形

清晰的"列入""公布"和"惩戒"等设立与实施旅客黑名单的实体条件是防止旅客黑名单被滥用而损害公民合法权益保障其实质合理性的基础，根据行为的危害程度确定是否列入、公布及给予何种处罚的标准和尺度，使惩罚的严厉程度与行为的危害后果相匹配，是保障旅客黑名单的正当性，避免差异化处理相同或类似情形导致不公平结果的前提。但是，现行旅客黑名单制度所规定的实体条件或宽泛或缺失，惩罚标准不一，被滥用的风险增加，存在差异化处理相同或类似情况的情形，损害其实体结果的合理性。比较《限制乘坐民用航空器的意见》与《限制乘坐火车的意见》《广东省铁路安全管理条例》规定的内容，列入民航、铁路旅客黑名单的实体条件皆要求被列入的行为场所在"机场或航空器"或"铁路站车"，责任人被列入黑名单后将承担的惩罚后果皆包括姓名及身份证号码被依法公示且在一定期间内购买民用机票或火车票的资格被取消。但存在相同或类似情形被差异化对待或惩罚的情形，这不仅有违实质合理性，还不利于旅客黑名单制度内部的体系化。

（1）列入民航与铁路旅客黑名单的行为主体范围、行为严重程度不同。《限制乘坐民用航空器的意见》规定的"旅客在机场或航空器内实施下列行为被公安机关处以行政处罚或被追究刑事责任的"[①]，将列入民航旅客黑名单的行为主体限于"旅客"，行为的场所限于"在机场或航空器内"，

---

① 《限制乘坐民用航空器的意见》 一、限制范围 （一）旅客在机场或航空器内实施下列行为被公安机关处以行政处罚或被追究刑事责任的：1.编造、故意传播涉及民航空防安全虚假恐怖信息的；2.使用伪造、变造或冒用他人乘机身份证件、乘机凭证的；3.堵塞、强占、冲击值机柜台、安检通道、登机口（通道）的；4.随身携带或托运国家法律、法规规定的危险品、违禁品和管制物品的；在随身携带或托运行李中故意藏匿国家规定以外属于民航禁止、限制运输物品的；5.强行登占、拦截航空器，强行闯入或冲击航空器驾驶舱、跑道和机坪的；6.妨碍或煽动他人妨碍机组、安检、值机等民航工作人员履行职责，实施或威胁实施人身攻击的；7.强占座位、行李架，打架斗殴、寻衅滋事，故意损坏、盗窃、擅自开启航空器或航空设施设备等扰乱客舱秩序的；8.在航空器内使用明火、吸烟、违规使用电子设备，不听劝阻的；9.在航空器内盗窃他人物品的。

行为的严重程度限定为"被公安机关处以行政处罚或被追究刑事责任",即未被公安机关处以行政处罚或被追究刑事责任的旅客,不能被列入民航旅客黑名单内。但是,《限制乘坐火车的意见》规定的"严重影响铁路运行安全和生产安全有关的行为责任人被公安机关处罚或铁路站车单位认定的"[①],将列入铁路旅客黑名单的行为主体界定为"严重影响铁路运行安全和生产安全有关的行为责任人"而且未要求其具有"旅客"的身份;其行为的严重程度被界定为两种情况,一是"被公安机关处罚",二是"被铁路站车单位认定",即未被公安机关处罚但被铁路站车单位认定的行为,也在列入铁路旅客黑名单的范围之内。可见,未经公安机关行政处罚或被追究刑事责任的行为,不能列入民航旅客黑名单但可列入铁路旅客黑名单;非旅客不能列入民航旅客黑名单但可列入铁路旅客黑名单。

（2）列入民航或铁路旅客黑名单的具体行为的性质、损害的客体范围不同。《限制乘坐民用航空器的意见》"一（一）"通过列举所限定的9种具体行为,皆为违法或犯罪行为,不包括对承运人的民事违约行为,所损害客体涉及民航运输秩序、安全、民航工作人员或其他旅客的合法权益,皆与社会公共利益相关。但是,《限制乘坐火车的意见》"一（一）"所列举的7种行为中,第1种行为泛指一切"扰乱铁路车站运输秩序危及铁路安全、造成不良社会影响的"行为,其中所含的三项行为后果之间是并列还是选择的逻辑关系不明;第4、5、6种行为属于旅客未履行支付相应票款义务的民事违约行为,与社会公共利益直接关联;第3种行为的主体可能多没有"旅客"的身份;第7种行为属于兜底条款,在逻辑上包括一

---

① 《限制乘坐火车的意见》：一、限制范围 （一）严重影响铁路运行安全和生产安全有关的行为责任人被公安机关处罚或铁路站车单位认定的：1.扰乱铁路车站运输秩序危及铁路安全、造成不良社会影响的；2.在动车组列车上吸烟或者在其他列车的禁烟区域吸烟的；3.查处的倒卖车票、制贩卖假票的；4.冒用优惠（待）身份证件、使用伪造或无效优惠（待）身份证件购票乘车的；5.持伪造、过期等无效车票或冒用挂失补票乘车的；6.无票乘车、越站（席）乘车且拒不补票的；7.依据相关法律法规应予以行政处罚的。对上述责任人限制乘坐火车。（二）其他领域的严重违法失信行为有关责任人。

切"依据相关法律法规应予以行政处罚的行为"。《广东省铁路安全管理条例》的第四十一条第一款①将列入旅客黑名单的行为主体身份限定为"旅客",但将行为的范围确定为"扰乱铁路站车运输秩序且危及铁路安全、造成严重社会不良影响,以及严重违反铁路运输企业安全管理规章制度的失信行为",进一步扩大了列入铁路旅客黑名单的行为范围。可见,旅客不付或少付票款的违约行为不能列入民航旅客黑名单但可列入铁路旅客黑名单;"强占座位、行李架"是直接列入民航旅客黑名单的行为但不是直接纳入铁路旅客黑名单的行为;等等。并且,设置兜底性条款,将"依据相关法律法规应予以行政处罚的"行为作为列入铁路旅客黑名单的实体条件,导致列入黑名单的行为过于宽泛。兜底性条款固然可使规范外延周延,但会增加因情势变迁而产生的适用条件不明确、适用范围扩大的风险,可能造成滥用旅客黑名单制度的不良结果。

（3）在惩罚后果上,被限制购票的期限不同。被列入民航旅客黑名单并公示生效后的,行为人将被限制乘坐民用航空器一年;被列入铁路旅客黑名单并公示生效后的,行为人将被限制乘购买火车票的期限因行为的不同而不同。少付或不付票款的违约行为人（《限制乘坐火车的意见》之一（一）的第4、5、6项行为）,限制其购买车票直到其补齐所欠票款的次日;行为人补齐第一次所欠票款一年内,三次发生该类行为的,限制其购买车票直到其补齐所欠票款的 90 天后。发生其他严重影响铁路运行安全和生产安全有关行为的,自公布期满无有效异议之日起限制其购买车票180 天。《限制乘坐民用航空器的意见》规定,"航空器内吸烟不听劝阻的",列入民航旅客黑名单禁止购买机票的期限为一年;《限制乘坐火车的意见》规定,"在动车组列车上吸烟或者在其他列车的禁烟区域吸烟的",列入铁路旅客黑名单禁止购买火车票的期限仅有 180 天。

---

① 《广东省铁路安全管理条例》第四十一条第一款 铁路运输企业应当按照规定建立健全铁路旅客信用信息管理制度,对扰乱铁路站车运输秩序且危及铁路安全、造成严重社会不良影响,以及严重违反铁路运输企业安全管理规章制度的失信行为进行记录,并按照规定推送全国和地方信用信息共享平台。

同时，现行旅客黑名单制度仅规定了何种行为应当"列入"的条件，缺少"公布"和根据公布后的黑名单进行"惩戒"的条件。按现行规则，被列入后即被公布，但被列入者有权提出异议和复核，在不区分"列入"与"公布"条件的情况下，可能不当损害被列入者利益。因为，从"列入"到"公布"再到根据公布后的黑名单进行"惩戒"的过程中，符合"列入"条件者不一定就可"公布"或"惩戒"，在被列入者异议或复核成立的情况下，先前不加区分将"列入"全部进行的"公布"，损害了被错误列入者的名誉等合法权益，使不该受罚者遭受错误的惩罚。这些问题的存在，严重损害了旅客黑名单制度的实质合理性。

（四）设立与实施旅客黑名单的程序及其救济机制不能保障相对人的合法权益

《限制乘坐民用航空器的意见》与《限制乘坐火车的意见》所规定的设立与实施民航与铁路旅客黑名单的程序主要包括拟列入信息的推送—拟列入信息的公示—异议—复核—执行—期满自动移除六个步骤，皆赋予被列入者相同的提起异议和复核的救济性权利，公示的路径皆包括"信用中国"网站。但是，所安排的设立与实施旅客黑名单的程序中，被列入者（行政行为的相对人）的参与性不足、事后的司法救济程序不明，导致旅客的合法权益无法得到正当程序的保障，可能损害其实质合理性。

（1）推送拟列入信息的程序不同。拟列入的民航旅客黑名单，由作出处罚决定的公安机关和做出判决的人民法院推送给民航局，意味着在被民航局列入并公示之前，所有拟列入民航黑名单者的行为是否符合《限制乘坐民用航空器的意见》规定的列入实体条件，已经由公安机关或人民法院做出了肯定性的权威判断。而拟列入的铁路旅客黑名单，不仅可由作出行政处罚或立为刑事案件的铁路公安局通报相关铁路局集团有限公司，未被公安机关处理的，还可由铁路站车工作人员收集有关音视频证据或 2 名旅客以上的证人证言或行为责任人本人书面证明，报铁路运输企业审核认定后列入。这意味着部分拟列入铁路黑名单者的行为是否符合《限制乘坐火车的意见》等规定的列入实体条件，不需要经过公权力机关的权威判断，仅由铁路运输企业自行审核认定即可。

（2）二者皆未就在拟列入阶段是否应当事先告知相对人并听取其陈述和申辩意见的程序问题做出明确规定，导致实践中黑名单的设立与实施主体不履行告知说明义务，剥夺相对人陈述申辩的权利，使正当程序要求及保障相对人知情权要求双重落空[1]。二者皆未设计事中让旅客申辩陈述的程序。因列入、公布及惩戒三行为阶段具备阶段终局属性，在作出"列入决定""公布决定"及"惩戒决定"后均会对相对人产生权利减损之不利效果，相对人对此三阶段的"决定"应享有充分的知情权。然而，因现行规范未规定事先告知相对人并听取其陈述和申辩意见的程序，导致实践中常出现行政决定尚未送达相对人亦未告知其享有的救济权利与路径，就予以"列入""公布""惩戒"的情形，使设立与实施旅客黑名单这一行政行为的程序合法性受到质疑。

（3）处理异议和复核的程序与外部救济的程序不同，对事后救济相对人的程序安排不明。处理民航或铁路旅客黑名单异议或复核申请的主体，分别为民航局和国家铁路集团有限公司；前者属于行政机构，对异议或复核所作出的决定为具体行政行为，相对人依法可通过行政诉讼救济自己的权利；后者为企业，对异议或复核所作出的决定并非行政行为，相对人因此提起的诉讼，依法不属于行政诉讼的受案范围。虽规定了关于最高法院指导相关诉讼的内容，但是实践中，存在不告知旅客处理异议的具体部门及其具体联系方式[2]的情形，相对人因被列入旅客黑名单而向法院提起的行政诉讼，被法院拒绝受理的情形时有发生。

可见，现行分别制定的民航、铁路旅客黑名单制度在形式合法性、实质合理性及体系化方面皆待提升或弥补，这些不足的存在与其分别制定单

---

[1] 金嘉南：《行政法视野下的"黑名单"制度研究》，华中科技大学2018年硕士论文。

[2] 高志宏：《我国民航旅客黑名单的三元体系及其救济途径》，载《法学杂志》2020年第41卷第4期，第32-41页。

行规范的方式有关,而采用统一的立法方式,因易于实现同样情况同样对待,有利于从根本上改善以上不足。

三、通过《交通运输法》统一旅客黑名单制度的内容

为消除现行分别制定的旅客黑名单制度内容的差异和不足,建议在未来要制定的《交通运输法》中,采用如下方案构建统一的旅客黑名单制度。

(一)统一旅客黑名单制度的形式渊源

黑名单制度因其独特作用已被广泛应用①。在创设方式上,统一旅客黑名单制度可借鉴国内其他行政黑名单制度的创设方式,采用"法律位阶的立法根据+行政规范性文件的专门立法"的方式设立。例如,创设失信被执行人黑名单制度的方式,以《中华人民共和国民事诉讼法》为立法根据,以主管民事判决执行工作的最高法院制定的《最高人民法院关于公布失信被执行人名单信息的若干规定》为专门立法的渊源;旅游市场黑名单制度的设立,以《中华人民共和国旅游法》为其立法根据,以其行政主管部门文化和旅游部制定的《文化和旅游市场信用管理规定》为其专门立法的形式渊源。

为此,建议在未来制定的《交通运输法》中统一规定不同运输方式之旅客黑名单制度的共性内容,为设立统一旅客黑名单制度提供法律位阶的立法根据。通过修改《中华人民共和国铁路法》《中华人民共和国民用航空法》②,在逻辑上仅能为分别设立铁路或民航旅客黑名单制度而不能为制定统一的旅客黑名单制度提供立法依据。《交通运输法》所规定的统一的

---

① 《我国拟建食品安全黑名单》,载《中国食品学报》2013年第13卷第12期,第33页。
② 有人建议在《中华人民共和国民用航空法》中构建民航旅客黑名单制度。参见程艳霞:《民航旅客黑名单二元制度构建研究》,载《北京航空航天大学学报(社会科学版)》2022年第35卷第4期,第129-135页。

旅客黑名单制度内容,包括设立与实施旅客黑名单的主体、实体条件与惩罚后果、适用程序与救济措施等共性内容。

在此基础上,若有必要,再由交通部通过颁行行政规范性文件的方式根据实践需要制定分别适用于民航、铁路旅客黑名单的特殊规范,在遵守统一旅客黑名单制度的前提下,细化被列入民航或铁路黑名单的特殊行为,适应维护民航或铁路交通运输秩序和安全实践的特殊需要。

(二)将设立与实施旅客黑名单的主体统一为交通运输行政主管部门

设立与实施公权力类黑名单的主体当依法享有管理交通运输公共事务的职能。设立与实施旅客黑名单的行政权力宜授予民用航空局和国家铁路局的上级机构即交通运输部统一行使,才能确保在民航、铁路等不同行业实施统一的旅客黑名单制度。具体而言,拟列入主体可采用现行民航旅客黑名单制度的做法,确定为公安机关和人民法院,由其承担将拟列入旅客的信息、被列入原因及其法律文书信息传递给交通运输部的行政职能;列入、公布和惩戒主体统一确定为交通运输部,由其承担把拟列入旅客列入并公布旅客黑名单、要求交通运输企业限制被列入黑名单者乘坐相应交通工具的行政职能。交通运输企业在其中的地位为行政相对人,承担协助交通运输部执行旅客黑名单的义务并享有因此产生的权利。尽管交通运输企业作为公共承运人对旅客负有法定的强制缔约义务,若某旅客进入生效的旅客黑名单,则交通运输企业的强制缔约义务因与其执行该黑名单的义务相冲突而中止,直到该旅客被移出黑名单;交通运输企业有对旅客黑名单提出异议、复核和行政诉讼的权利,因为非法将旅客列入黑名单的行政行为在事实上可能损害交通运输企业的经济利益。

这样的制度安排中,将交通运输企业及其工作人员排除出拟列入主体范围,能避免出现非公权力机构行使行政权力的弊端;将惩罚对象限定在受到治安管理处罚或构成犯罪的行为之内,能避免惩罚范围的不当扩张;

由交通运输部承担设立与实施旅客黑名单的职能，将使旅客列入、公示黑名单的行为成为典型的具体行政行为，旅客因此提起的诉讼属于行政诉讼的受案范围，为被列入者提供了行政诉讼这一外部的司法救济路径；将交通运输企业确定为执行旅客黑名单的义务人，能从根本上避免私主体滥用公权力、避免其既当裁判又当运动员的角色尴尬从而保障公平。

（三）统一旅客黑名单的实体条件与惩罚标准

统一不同旅客黑名单列入、公布、惩戒条件和惩罚标准，是做到行为与责任对等、相同情形相同对待，保障旅客黑名单制度的公正性并防止其被滥用的根本要求。在《交通运输法》安排的旅客黑名单制度中，应通过明确拟列入的实体条件并根据导致惩罚后果的不同严厉程度，分别设置适用"列入""公布""惩罚"行政行为的实体条件，避免不当损害被列入者的合法权益。为此，（1）宜将行为"已受公安机关行政处罚或人民法院刑事判决"作为拟列入旅客黑名单的共同条件，将所列入的行为范围限制在违法或犯罪行为内。即只有某行为人的不法行为达到了被行政处罚或被刑事判决的严重程度并存在再次危害交通运输秩序和安全的可能性时，其才能被列入。一般或轻微违法的行为人，或不付或少付票款的违约行为人，或即使违法行为相当严重，但没有理由怀其疑将继续危害交通运输秩序和安全的行为人，皆不应被列入名单。（2）宜将被列入旅客黑名单者限定为"旅客"，即正在使用或即将使用公共交通工具的自然人，避免将非旅客列入旅客黑名单。（3）宜通过列举方式将在所有公共交通领域都可能出现的共性行为纳入旅客黑名单并给予相同处罚，如宜将"强占座位、行李架"行为纳入铁路旅客黑名单；对在"航空器内吸烟不听劝阻的"与"在动车组列车上吸烟或者在其他列车的禁烟区域吸烟且不听劝阻的"等相同行为，将其列入旅客黑名单禁止购买机票或火车票的期限皆设定为一年或180天，体现惩罚的公平性。

同时，在分别制定的民航、铁路旅客黑名单实施细则中，宜仅列举该类交通运输方式特殊的需纳入黑名单的行为并给予相应处罚，在运用兜底条款时需严格遵守法律规定的设立与实施旅客黑名单的实体条件和惩罚标准，杜绝旅客黑名单制度适用范围不当扩大。

（四）统一设立与实施旅客黑名单的程序与被列入者的程序参与及救济权利

保障被列入旅客在设立与实施旅客黑名单各行政行为中的参与性是满足正当程序要求的首要原则[①]。因此，要统一规定设立与实施旅客黑名单各阶段的行政程序，并将被列入旅客参与各程序的权利纳入其中。（1）在拟列入阶段，应事先告知相对人并听取其陈述和申辩意见，实现正当程序及知情权保障的双重要求；（2）对列入、公布及惩戒各阶段所作出的行政决定，应当及时送达相对人，保证其确已知悉并告知其所享有的救济权利、救济方式及期限要求，确保行政决定的作出符合行政行为合法性要求；（3）在惩戒阶段，在作出惩戒决定前告知相对人有申请听证的权利，若当事人申请听证，应当组织听证以更加注意对相对人权利的保障[②]；（4）在公布阶段与惩戒阶段中，宜纳入中止性程序，在相对人对公布行为与惩戒行为有重大异议时，经相对人申请，可决定暂时撤回黑名单的公布，中止惩戒措施，待行政机关核实所有事实后再作出最终决定，避免因错误的公布和惩戒行为的不可逆而对相对人合法权利造成减损[③]。

同时，还要明晰拟列入、列入、公布及惩戒各行为的法律属性，从而明确哪些行为可纳入司法审查的范围并赋予相对人司法救济的权利。具言之，拟列入行为本质上系列入行为的准备行为，尚未对当事人的权利与义务产生实际影响，应被排除在司法审查范围之外；列入行为以列入决定为

[①] 王顺：《"黑名单"制度法律属性探究及其行政法规制——以〈上海市单用途预付消费卡管理规定〉第25条为视角》，载《东南大学学报（哲学社会科学版）》2019年第21卷第31期，第88-93页。

[②] 王丽娜：《行政黑名单移除制度的审视与完善》，载《中州学刊》2020年第3期，第66-71页。

[③] 张冉：《中国社会组织黑名单制度研究：价值分析、现实困境与建构路径》，载《情报杂志》2017年第36卷第1期，第66-71页。

告知程序，其实质为具体行政行为，应当纳入司法审查范围；公布行为因属于行政事实行为而应被排除在司法审查范围之外；惩戒行为在性质是行政处罚，根据行政诉讼受案范围的规定，其应纳入司法审查范围[①]。列入行为与惩戒行为将对被列入者（行政相对人）权利义务产生实际影响，应赋予其寻求司法救济之权利，基于列入或惩戒行为提起的诉讼，应当被法院受理。

四、结论

《交通强国建设纲要》要求坚持法治引领，在《交通运输法》中统一旅客黑名单的制度内容是其保障公民交通基本权立法目标的体现。我国现行分别制定的民航、铁路旅客黑名单规范，其形式和内容有违《中华人民共和国行政处罚法》等上位法的要求，差异化处理相同情形等内容安排显示其体系性不足。通过《交通运输法》构建统一的旅客黑名单制度内容，实现不同交通运输方式之旅客黑名单制度的体系化，既有利于发挥其维护交通运输秩序和安全等公共利益的功能，又能防止其被滥用，避免不当克减旅客的交通基本权等正当权益。

---

① 李明超：《行政"黑名单"的法律属性及其行为规制》，载《学术研究》2020年第5期，第73-77页。

第二篇 铁路建设法治问题

专题四：
铁路 PPP 模式社会资本方权益保护研究*

铁路作为国家重要的基础设施，在国民经济和社会发展中发挥着重要作用，而 PPP 模式是目前铁路基础设施建设中非常重要运作方式。尽管国家的一系列政策鼓励社会资本方充分参与铁路 PPP 项目，强调平等主体地位，但是制度的缺失使得社会资本方在 PPP 合作中面临着较大的隐形壁垒，从而导致社会资本方的权益无法得到充分保障。

一、问题的提出

铁路作为我国重要的基础设施，对加快工业化和城镇化进程、带动相关产业发展、拉动投资合理增长、优化交通运输结构、降低社会物流成本、方便人民群众安全出行，都具有不可替代的重要作用。2021 年 1 月，交通运输部印发了《关于服务构建新发展格局的指导意见》，预计新增城际铁路和市域铁路运营里程 3 000 千米，为加快推进铁路建设进程，全面开放铁路建设市场，多方式多渠道筹集建设资金成为必然，这为铁路运输投融资带来了契机，尤其是 PPP 模式已经成为铁路运输快速发展的不二之选，社会资本方已成为铁路建设的重要参与主体。

但是实践中，社会资本方在参与铁路 PPP 模式中存在较多隐形壁垒，由于对 PPP 协议的性质目前还存在较大争议，因此在合作中对政府主体地位的定性并不特别清晰。随着政府职能理论的发展，政府职能由全能型政府转变为非全能型政府，铁路 PPP 模式中政府方不再是单纯的监管者而更

---

* 本部分内容由西南交通大学公共管理学院法学系副教授颜诗树和西南交通大学公共管理学院法学系 2021 届法律硕士研究生蔡黎撰写。

多的体现了合作者的身份。受到我国长期以来的由政府主导公共项目的思维的影响，铁路 PPP 模式中一些政府没有处理好自身定位及公私利益的关系，没有真正地建立起平等合作的伙伴关系，有时候将基于合同取得的权利当作行政权行使，导致其享有的权利和承担的义务关系难以明晰，[①]并且政府方行政优益权的行使尚未得到有效规范，即使一些政府存在违约甚至违法行为，其责任的最终承担也存在不规范之处。不仅如此，社会资本方作为铁路 PPP 项目的投资者，其在合作中的权利、义务存在不对等，这些因素都将社会资本方推向了不利地位，其权益难以在现有法律体系下得到充分保障，因此深入分析影响社会资本方在铁路 PPP 模式中权益的具体因素，以及思考如何完善铁路 PPP 模式社会资本方权益保护机制是十分必要的。

二、铁路 PPP 模式的法律特征分析

（一）共享收益、风险分担

政府与社会资本方在铁路领域进行合作的整体目标是以最少的资源提供更多的铁路运输产品和服务，在目标追求一致的基础上实现利益共享。但同时，由于铁路运输均是以满足社会公共福祉为目的，不以利益最大化为追求，因此铁路 PPP 模式的利益共享是有限的利益共享，即社会资本方作为参与者得到的相对合理且稳定的投资报酬就是其利益共享所分享的利益。[②]同时，因为政府是在私人资本参与的基础上完成铁路产品的供给，旨在弥补政府在资金或经营管理技术方面的短板，社会资本方只是辅助政府方提供公共产品，风险在二者之间进行分配。

[①] 参见柳光强：《建立健全 PPP 法律保障机制的探讨》，载《中国财政》2017 年第 10 期，第 44 页。

[②] 李淑英：《新形势下 PPP 模式在基础设施项目建设中的法律研究》，中国言实出版社 2016 年版，第 45 页。

（二）合作以契约为依据

契约被学者称为"PPP之王"，也是该模式最重要的法律特征之一。由于铁路PPP模式形成的是一项长期的合作关系，其间可能由于政策、法律、环境等变化导致合作具有较大的不确定性，因此合作者之间以契约明确各自的权利义务关系成为了保持合作安稳性的必然选择，通过条款的约定规避或者降低合作的风险。同时，合作主体以此在法律层面上确立了合作伙伴关系，一定程度上为纠纷解决提供了参考性文件材料。

（三）以国家担保责任为保障

根据国家担保理论，铁路PPP模式中，合作伙伴双方都可以作为实现公益目的的责任主体，政府责任在公共部门和私人部门之间进行了分配，使得对公益部分的责任进行了重新整合，但是政府依然要担保社会资本执行铁路建设运输公共任务时的公益取向①。尽管在该模式下，政府不再承担直接提供铁路运输和建设的责任，转交私主体履行，但是政府仍然对社会公众承担担保责任，即政府最终担负公共产品的提供责任，虽没有亲自执行项目的供给，仍需对实际执行的社会资本方及其提供的公共产品进行担保，具体表现为政府方代表国家对社会资本方顺利履行铁路建设、运营、管理等责任承担监管义务，以及担保铁路产品和服务质量品质的义务，②使其符合公共利益和社会福祉。

三、铁路PPP模式中社会资本方权益受损因素分析

（一）政府方权利义务边界不明晰

1. 公私利益的冲突对政府方权利义务的影响

铁路PPP模式中客观存在着公共利益与私人利益间的冲突，因此代表

---

① 参见蔡宗珍：《从给付国家到担保国家——以国家对电信基础需求之责任为中心》，载《台湾法学杂志》2009年第122期，第46页。
② 参见杨彬权：《论国家担保责任——担保内容、理论基础与类型化》，载《行政法学研究》2017年第1期，第78页。

公益的政府方或实施机构也总与私益主体社会资本方处于博弈之中。政府方作为监管者时代表着公共利益，作为合作者时与之相对的是社会资本方的私人利益。社会资本方的逐利性促使政府方在合作中既要考虑到公共利益也要顾虑社会资本方能够获得合理回报，这是铁路PPP模式伙伴关系建立的前提，也是实现合作共赢的基础。合作过程中政府方在监管者与合作者两种身份间不断切换使得政府的权利义务不断变化，导致政府方权利义务的边界模糊不定。从公共利益与私人利益之间的博弈来看，铁路PPP模式得以发展的基础之一是利益共享，但是铁路领域与社会公众利益息息相关，利益共享不得以牺牲公共利益为条件。代表公共利益的政府方不得不牵制着私人利益，在项目的投资收益率、市场运作和退出方式等方面展现出明显的行政控制权，甚至有时强制社会资本方履行义务，但同时，为了消除社会资本方惧怕强势政府的疑虑，政府方通常会与社会资本方在PPP协议中将政府方的行政强制权限定在合同约定的范围内，比如将监督管理权以及介入权以一种民事权利在协议中约定并明确行使的条件，介入权是指政府方在一定情况下介入和接管项目的权利。尽管监督权（利）与介入权（利）应受到协议约束，但当出现威胁公共利益事项如项目的质量与服务的持续性时，政府方出于职能政府履行行政监管职责的考虑，直接刺破协议的面纱，忽视条款的限制，甚至牺牲社会资本方的私人利益，将监督管理权利或介入权利直接当作一种行政权行使，本质上属于一种行政强制措施行为，政府方越过契约且不按法定的标准或程序行使该权力的情况时有发生，导致协议中相关的政府方权利义务规定变得模糊不定甚至形同虚设。公私利益发生冲突时，政府方以合作者身份过于强化私人利益虽有助于伙伴关系的维系但会导致政府方行政监督管理权的削弱，不利于公共利益，而政府方以监管者身份过于强化公共利益，则政府方的监管权（这里的监管权是指行政意义上的行政权）会有放无收，降低社会资本方的参与度。由此可见，政府方的权利义务随角色的不同而有所不同。最终，对政府方权利义务的界定成为对公私利益的衡量。而对公共利益的界定目前学界无统一标准，产生政府权力与契约精神之间的冲突，即什么时候可以行使行政监管权，什么时候应当遵循契约精神承担义务变得模糊不清。

2. 契约的不完全性导致政府方易突破权利界限

尽管政府与社会资本方能够以协议约定各自的权利义务，但铁路PPP模式合作的长期性以及未来政策风险与商业风险的不确定性使得协议凸显出典型的不完全性，这种不完全性意味着合作主体所有的权利义务不可能都通过协议约定清楚。[①]对于一些没有在协议中约定的事项，在未来若干年协议履行过程中，则给政府留下了自由施行的空间，政府有可能处于各种考虑作出有损社会资本方利益的决定。

3. 多部门参与影响社会资本方主张权利

铁路PPP项目入库前，政府有时候会作为授权主体指定具体的实施机构来负责项目的准备、招标或采购、签订协议、监管、移交等工作，项目具体的实施机构可以是相关职能部门或者事业单位等。但协议约定的义务履行主体往往涉及其余多个政府部门，义务的承担者除实施机构以外可能还涉及发改、财政、国土和环保等多个部门，比如建设项目的准入批准由发改部门承担、财政补贴由财政部门承担，如果财政部门未能在协议约定的时间内提供财政补贴，那么该义务的最终承担者是代表政府的实施机构还是政府或财政部门？从某种意义上说，实施机构代表政府实质为整体代表，它作为实际签约主体仅仅是形式上的整体代表，因此原则上当实施机构或其他职能部门没有履行义务时，政府方应当做一个整体回应。在PPP协议框架下，政府及其授权的实施机构及各职能部门之间的权利义务关系如何，目前并未有一个定论，但这直接影响到了社会资本方主张权利的对象选择。

---

① 参见胡改蓉：《PPP模式中公私利益的冲突与协调》，载《法学》2015年11期，第35页。

（二）政府方可能滥用行政优益权

就铁路 PPP 模式中存在的行政优益权的性质而言，在我国并没有法律明文规定赋予行政机关该权力。甄别铁路 PPP 模式中的行政优益权性质时，应将行政法学意义上的行政优益权与铁路 PPP 模式中政府方享有的行政优益权做区别对待。从主体上而言，铁路 PPP 模式中政府方既是对项目行使行政监督管理权的监管者，又是与社会资本方签订协议的一方当事人，则社会资本方并非单纯的行政相对人，政府方行使行政优益权必然会受到契约精神的限制；从目的上而言，传统意义上的行政优益权是国家以法律形式为政府正当行使职权提供的便利条件，本质上是一种优于一般主体的资格，而铁路 PPP 模式中，政府方行使行政优益权除了考虑职权行使的合规性还应当考虑合作目的能否实现，需要在权力的合法性和合作目的之间进行权衡考量，不可偏废。

行政优益权属于行政权力的一种，政府方常以社会资本方不能履约有损公共利益为由强制变更或解除协议或者向法院申请强制执行，合同履行中公共利益受损的确能够成为行政机关变更或者终止合同的依据，但是社会资本方的行为是否会影响到公共利益以及影响的程度是否必然导致政府行使行政优益权均由行政机关判别，而现行立法对"公共利益"并没有明确的定义和标准。王利明教授认为公共利益无法通过具体的标准来判断，其抽象笼统的特点使得行政主体依据社会的发展状况来决定是否要利用行政强权来维护社会公共利益，以此实现公平正义。[1]因此若政府方对公共利益判断的权力过大，最终将导致政府方既做了运动员又做了自己的裁判。尽管法律为防止政府权力的滥用要求政府在选择终止合作时给予社会资本方赔偿或补偿，但却未从源头审核、规制政府的行政优益权，比如单方解除合同、强制执行等尚不属于法定的举行听证会的范围，没有充分保障社会资本方陈述申辩的权利，这可能导致政府滥用行政优益权，加剧政府和

---

[1] 参见王利明：《界定公共利益：物权法不能承受之重》，载《法制日报》2006-10-21（004）。

社会资本方双方的不平等地位。①

（三）政府违法、违约责任的承担方式不明确

本文讨论的政府责任主要是政府在铁路PPP模式中的契约责任。在合作协议中政府为了预防社会资本方违约会要求其提交一系列的履约保函并对社会资本方的违约行为和责任承担明确约定，②但其中极少涉及政府的违约行为及处理方式。而政府的契约责任有时同时具有私法属性与公法属性，当政府方违反约定而滥用行政优益权时，其应当承担何种责任？如果认为政府应当承担一种行政法上的违法责任，行政赔偿与补偿责任则是政府承担责任的主要方式。但是政府承担行政法上的违法责任更多的是一种形式上的责任，政府出于自利性考虑，期望将这种责任承担的成本降到最低。而如果认为政府应当承担一种民事责任，在民事责任承担中，民事损害赔偿责任的填补性规则以及惩罚性赔偿规则都能得以运用，赔偿范围更广。因此政府方应当承担民事责任还是行政法上的责任直接影响社会资本方的权益保护范围和力度,目前各地法院偏向于采用行政违法的判断标准。

（四）社会资本方权利与义务的不对等

参与铁路PPP模式的社会资本方享有独立的法律权利，以便能与合作的政府方享有的行政权形成相互制约的权利义务关系。社会资本方享有以下权利：一是获取利润的权利，社会实体资本投资的目的是从铁路设施的建设和运营中获取利润；二是对项目的经营决策权，社会资本方为了防范风险会成立项目公司对项目进行经营管理，尽管存在政府方投资项目公司的情形，但是国家法律对此有严格限制，政府方占有项目公司的股权不得超过50%，因此经营决策权成为了社会资本方行使其他权利的基础；三是

---

① 参见王春业：《行政协议司法解释对PPP合作之影响分析》，载《法学杂志》2020年6期，第61页。
② 参见王海镔：《城市社区养老PPP模式中的政府责任研究》，山东师范大学2020年硕士学位论文，第38页。

获得政府支持的权利，政府与社会资本合作的目地在于提高基础设施和公用事业项目建设运营水平，为保障社会资本方获得适当收益的权利，当社会资本方获得收益存在缺口时可获得政府的缺口补贴或由政府回购等；四是获得救济的权利，在合作中，由于政府方的强势地位，社会资本方处于较为被动的地位，权益易受侵害，保障社会资本方充分获得救济的权利显得尤为重要。①

而就社会资本方承担的义务而言，由于社会资本方承载着实现铁路建设运营公共性的使命，从整体上而言，社会资本方的义务主要是为实现该公共意义而设定。从政府方提供的协议文本来看，其着力于降低社会资本方的逐利性和强化社会资本方"执行行为"的合法合规性，可能导致社会资本方的隐性义务负担在履行中加重。例如，协议签订前的先合同义务、保障所提供资料的真实性义务；协议履行中协助政府监督管理的义务、对履行期限的保障义务、项目融资到位的义务、对项目质量的保障义务；禁止社会资本方转让资产、禁止社会资本方擅自将资产进行抵押等义务；协议终止后的移交、协助、保密义务等。此外，政府方一般会要求社会资本方提供投资竞争保函、建设履约保函、运营维护保函、移交维护保函等多份保函以保证社会资本方参与铁路建设经营的稳定性和公共性。

因此，社会资本方享有的权利与承担的义务，呈现出明显的不对等性，权利基本且有限，而承担的义务却类型多样且多伴有不确定性。根据契约精神，原则上在协议中准确约定的义务才属于社会资本方真正应作为或不作为的义务，但实践中，项目建设经营中发生了协议中并未约定却明显会增加社会资本方负担的事项时，基于政府方的强势地位，社会资本方为了维持合作的稳定性，仍然要履行协议之外的"义务"，有时无法获得相对等的回报。此外，由于政府从决定社会资本方人选到签订协议始终拥有着更多的信息优势，这种信息不对等让社会资本方难以全面、正确地衡量其享

---

① 参见田园：《我国 PPP 模式下社会资本方权益的法律保护研究》，暨南大学 2018 年硕士学位论文，第 38 页。

有的权利及承担的义务之间的关系,社会资本方为了获取机会往往会妥协,这便加重了社会资本方权利与义务之间的不对等,而这种不对等性可能被社会资本方反作用于项目具体的建设与运营过程中,最终受到损害的是社会公众。若政府频繁地干预项目执行者,通过增加社会资本方的义务负担来降低社会资本方的逐利性相当于剥夺了社会资本方的应得权益,与合作初衷相违背,也会影响到合作伙伴关系的稳定性。

四、铁路 PPP 模式社会资本方权益保护的解决思路

(一)建立政府权力清单制度

采用政府权力正面清单制度,明晰铁路 PPP 模式中政府权利与权力的界限,进而防止政府方违反法律规定任意切换权利与权力,避免政府方以公共利益受损为由滥用行政优益权,杜绝政府方拓宽权力而规避义务,使得政府行为遵循行政合法性原则,从源头上规制政府行为。未来立法可以考虑将政府对铁路项目的授权、特许经营授权、撤销收回经营权、接管权、监管权等明确纳入权力清单范围。如此,社会资本方对政府未来协议履行中的权力与权利便有了确定的预期,避免政府方随意滥用权力破坏合作的稳定性,同时和其他制度的政府权力清单制度一样,有利于防控官员寻租,能有力地保障政府的廉洁。在未来也应当注意区分法定的监督权力与介入权力和协议约定的监督权利与介入权利之间的界限。

(二)建立独立的监督机构进行专门监督

虽然铁路部门及国家发展改革委、财政部对铁路 PPP 项目具有监管职能,但是该监管主要体现在对铁路项目的总体规划、监督及保障,并不涉及对政府方行为的专门监督。政府角色和身份的复杂性使得铁路 PPP 项目监督机制内部存在矛盾,其合作者、监管者的多重身份势必会产生自己监督自己的现象,而政府自我监督的监督方式和惩戒方式无法杜绝政府方因自利性而滥用权利及权力,无法避免政府的违法违约风险。因此必须剥离

政府方的管理权与监督权，加强对政府行为进行监督的监督机构的设置，建立一个专门且独立性高的监督机构。笔者建议在未来统一的监管主体下设置单独的铁路PPP监督机构来行使该监督职能，并考虑采用上下领导监督代替平级间的监督。政府方无法干涉监督机构的监督行为，监督机构确保政府方作出的职责行为在法律框架内并符合协议约定。具体而言，对政府方一系列契约行为的合约性和管理行为的合法性定期进行检查监督，包括权力的合法性也包括程序的合法性，尤其是对政府方单方变更、解除协议或者行使制裁权进行监督，对涉及公共利益的相关信息予以审核与披露，充分保障社会资本方权益不受非法侵害。

（三）完善政府履约机制

政府轻易承诺、滥用行政优益权是构成政府违约的主要原因，政府方一方面要加强契约精神确保自身决策的合规、合法性，避免出现相关政策的取消和中断，另一方面，为了防范政府因各种原因的违约行为，应当建立和社会资本方同等的履约担保制度，增加政府违约成本，从政府信用源头进行规避。但是，由政府方出具保函或者由第三人如银行担保都容易产生政府隐性债务和或有债务，笔者建议设立"铁路PPP项目合作担保专项基金"，以专门的制度确保政府方的付款等义务得到有效担保，保证政府方的履约行为，以此体现对社会资本方参与铁路PPP项目权利保护的决心和力度。

（四）明确政府责任的承担方式

在铁路PPP模式中，法律法规对政府方的违法、违约行为规定甚少，因此从立法上总体明晰政府的责任承担方式刻不容缓。由于政府在制作项目实施方案时已经初步拟定了合作协议框架并已通过审核不能任意修改，其与社会资本方在订立协议时很难完全平等地进行磋商协定，为了与这种不平等性相对抗，政府方的违约责任承担形式应当与社会资本方一致，当政府方违约时也应当按约定承担继续履行、终止协议、赔偿损害、支付违约金等民事责任，违约损害赔偿数额确定的标准应当按照《中华人民共和国民法典》相关规定，原则上应当包括非违约方可得利益的损失。同时双方确立惩罚性损害赔偿制度，在拟定协议细节过程中明确适用条件、赔偿金额的计算方法，将超过实际损失的赔偿金额控制在一定范围内，通过提高违约成本来规避政府失信行为的发生，保护按照约定履行协议的社会资本方的合法权益，补正合作地位的不平等性。此外，应当建立合理的补偿机制，当政府方为了公共利益需求解除或变更协议给社会资本方造成损失时，在社会资本方没有过错的前提下，补偿的范围应当包括直接损失以及适当的预期利益，但当事人应在协议中明确约定补偿的标准和范围，既保障社会资本方的权益，又加强政府方决策的谨慎性。

五、结论

本文分析了在铁路PPP模式合作关系中社会资本方权益遭受损害的几个重要因素，并以保护社会资本方在合作中的权益为出发点提出建议，希望能够完善我国铁路 PPP 模式，尤其是保证政府与社会资本方的平等地位，坚持公平原则与平等原则，保障社会资本方的权益，为维护良好的合作伙伴关系增益补阙，以此激发社会资本方参与铁路PPP项目的热情，发挥PPP制度优势，促使该模式在铁路领域的发展走向正轨，实现合作共治、造福人类的基本目标，也为更有弹性的制度设计提供思路。

专题五：
我国铁路建设环境监理的制度体系构建*

为了在铁路建设中保护生态环境，从 2002 年开始，我国就在重要项目中开展了环境监理试点工作。试点成果显示，环境监理可以极大地减轻工程项目给生态和环境造成的污染和破坏，是一种先进的环境管理模式。环境监理是指环境监理单位与建设单位签署环境监理合同，根据合同约定和国家环境保护相关的法律法规和相关政策、环境影响评价文件、环境保护行政主管部门的批复等等规范和要求，协助建设单位完成环评要求的工作，协助工程监理单位完成对建设工程的监督，配合政府环保部门的行政监管，监督工程施工过程中的环境管理，经过与各部门的协调、配合，保证建设工程同步实现主体到位和环保到位的行为。[①]环境监理的工作内容，一方面是监督施工单位在施工时妥善处理生活污水、生产废水、施工扬尘、生活垃圾等污染物，以及保护边坡、弃渣场等生态环境，保证落实"三同时"制度，另一方面是为建设单位提供环境保护相关的咨询服务。[②]

国家环保总局、铁道部等部门于 2002 年作出决定，针对 13 个涉及生态敏感区、对生态环境影响突出的国家重点工程实行工程环境监理试点，通过环境监理机构对施工行为从环境保护的角度进行监督控制。从这些年的试点工作成果中可以看出，环境监理对于铁路工程建设项目的环境管理发挥了不可或缺的作用，其对各部门之间的协调、监督职能完善了建设项

---

* 本部分内容由西南交通大学公共管理学院法学系副教授杨成良和西南交通大学公共管理学院法律硕士研究生刘晓晨撰写。
① 王江：《环境监理：形成逻辑、法制缺失与立法构想》，载《云南社会科学》2013 年第 5 期，第 139-143 页。
② 韩丽源、白晓军、宋琚：《铁路项目施工期弃土（渣）场环境监理要点》，载《铁路节能环保与安全卫生》2017 年第 7 期，第 284-286 页。

目环境管理体系，从施工前的环评到施工期的监理，再到竣工后的验收，实现了整个建设项目全过程的环境管理。

一、我国铁路建设环境监理的立法现状与试点经验

（一）立法现状

1991 年，国家环境保护总局发布了关于环境监理的第一部规章——《环境监理工作暂行办法》（〔91〕环监字第 338 号）；2002 年，国家环境保护总局、铁道部等部门联合发布了《关于在重点建设项目中开展工程环境监理试点的通知》（环发〔2002〕141 号文），决定对 13 个国家重点工程进行环境保护监理试点。由于在法律层面缺少环境监理的工作规范，为了推进环境监理试点的规范运行，近些年国务院以及各部委陆续出台了与环境监理相关的规范文件，详见表 5-1。

表 5-1　国家出台环境监理相关政策情况

发文时间	名称	效力	备注
1991 年	《环境监理工作暂行办法》（〔91〕环监字第 338 号）	失效	被 2012 年发布的《环境监察办法》废止
1992 年	《环境监理执法标志管理办法》（国家环境保护局令第 9 号）	失效	被 2012 年发布的《环境监察执法证件管理办法》废止
1995 年	《环境监理人员行为规范》（国家环境保护局令[第 16 号]）	失效	被《生态环境部关于废止、修改部分规章的决定（2019）》废止
1996 年	《关于环境监理机构能否实施行政处罚问题的通知》	现行有效	——
1996 年	《环境监理工作程序（试行）》（环监〔1996〕888 号）	失效	被 2012 年发布的《环境监察办法》废止

续表

发文时间	名称	效力	备注
1999 年	《关于加强对自然生态保护进行环境监理的通知》(环发〔1999〕106号)	现行有效	—
1999 年	《关于委托环境监理机构实施行政处罚有关问题的复函》(环函〔1999〕194号)	现行有效	—
1999 年	《关于环境监理部门使用执法证件问题的复函》(环函〔1999〕342号)	现行有效	—
1999 年	《环境监理政务公开制度》(环发〔1999〕15号)	失效	被 2012 年发布的《环境监察办法》废止
1999 年	《关于进一步加强环境监理工作若干意见的通知》(环发〔1999〕141号)	现行有效	—
2002 年	《关于印发〈2002年全国环境监理工作要点〉的通知》(环办〔2002〕17号)	现行有效	—
2010 年	《关于同意将辽宁省列为建设项目施工期环境监理工作试点省的复函》(环办函〔2010〕630号)	现行有效	—
2011 年	《关于同意将江苏省列为建设项目环境监理工作试点省份的函》(环办函〔2011〕821号)	现行有效	—
2011 年	《国务院关于加强环境保护重点工作的意见》(国发〔2011〕35号)	现行有效	—

从表 5-1 可以看出，我国在 20 世纪 90 年代曾出台过《环境监理工作暂行办法》《环境监理执法标志管理办法》《环境监理工作程序（试行）》《环

境监理工作制度（试行）》等，其中规定环境监理是由人民政府环保部门设立的环境监理机构，依法对辖区内的污染排放情况和生态破坏情况进行监督管理。上述规定中的环境监理属于行政行为，与现在所探讨的环境监理概念有所不同。2012 年环境保护部出台了《环境监察办法》，宣布上述规章被废止，用"环境监察"代替了之前的"环境监理"的概念。

目前国家尚未专门制定与环境监理相关的法律、法规，也未在环境保护有关的法律法规中对环境监理的规范标准、监理内容、市场准入等作出规定或指导，所以在试点过程中，各省市的具体政策与执行标准存在差异，导致我国不同地域之间环境监理发展不平衡，整体未形成统一的法律法规体系。各省市关于环境监理的相关规定如表 5-2 所示。

表 5-2 各省市出台环境监理相关政策、法规情况

地区	时间	名称	效力
长沙市	1992 年	《长沙市环境监理工作暂行办法》	现行有效
黑龙江省	1995 年	《黑龙江省环境监理办法》	失效
浙江省	1999 年	《浙江省环境监理办法》	失效
陕西省	2004 年	《陕西省环保局关于在建设项目中加强工程环境监理的通知》	现行有效
	2011 年	《陕西省建设项目环境监理暂行规定》	现行有效
	2014 年	《陕西省环境保护厅关于建设项目环境监理收费的指导意见》	现行有效
	2019 年	《陕西省建设项目环境监理管理办法（第一次征求意见稿）》	草案
青海省	2011 年	《青海省建设项目环境监理管理办法（试行）》	现行有效
河南省	2011 年	《河南省建设项目环境监理管理暂行办法》	失效

续表

地区	时间	名称	效力
河南省	2011年	《关于开展环境监理试点工作的通知》	现行有效
	2012年	《关于进一步规范环境监理工作的通知》	失效
重庆市	2011年	《关于在重点建设项目中开展工程环境监理试点的通知》	现行有效
	2016年	《污染场地治理修复环境监理技术导则》	现行有效
甘肃省	2012年	《甘肃省建设项目环境监理管理办法（试行）》	现行有效
	2012年	《关于申请建设项目环境监理单位资质相关事项的通知》	现行有效
内蒙古自治区	2012年	《内蒙古自治区建设项目环境监理暂行办法》	失效
南昌市	2012年	《关于在我市开展建设项目环境监理试点工作的通知》	现行有效
深圳市	2014年	《建设项目施工环境监理技术指引》（编号：SZDB/Z111-2014）	失效
北京市	2015年	《北京市环境保护局关于征求北京市地方标准〈污染场地修复工程环境监理技术导则〉（征求意见稿）意见的函》	现行有效
辽宁省	2016年	《辽宁省建设项目环境监理管理办法》	失效
河北省	2015年	《河北省建设项目环境监理技术规范》	现行有效
广东省	2020年	《广东省建设用地土壤污染修复工程环境监理技术指南（试行）》	现行有效
江苏省	2020年	《建设用地土壤污染修复工程环境监理规范》	现行有效

续表

地区	时间	名称	效力
江苏省	2011 年	《关于申请江苏省建设项目环境监理单位资质及其工作范围有关事项的通知》	失效

从表 5-2 可以看出，目前国内各省区市对环境监理的规定比较混乱。一方面，部分省区市对过去陈旧的规定没有及时清理，比如在上位法《环境监理工作暂行办法》已于 2012 年失效的情况下，《长沙市环境监理工作暂行办法》仍然现行有效，其内容明显与现在的政策规定不符。另一方面，试点省区市之间新政策的制定存在明显的差距。从表 5-2 可以看出，陕西省、甘肃省、青海省已制定现行有效的环境监理管理办法，江苏省、广东省、北京市（征求意见稿）、重庆市已制定土壤修复相关的环境监理规范，而其他省区市尚未出台相关文件。

另外，从表 5-1 和表 5-2 可以看出，我国目前尚未对环境监理的适用进行行业细分，国家层面和地方层面均未针对交通行业或者铁路行业专门制定法律法规或政策文件。

（二）试点经验

1. 青藏铁路

青藏铁路从青藏高原腹地穿过，青藏高原的地理环境、地质环境、生物环境、自然环境、生态环境都非常独特，这些特点决定了青藏铁路建设的环境保护要求要远高于一般的铁路建设，也面临更多的环境保护难题。2002 年 3 月，青藏铁路建设单位与第三方监理单位铁道科学研究院签订了环境监理合同，这是国内首次推行的环境监理程序，由环境监理单位对青藏铁路建设环境保护工作实施全过程监控。

在铁道部的关注下，青藏铁路建设项目创造性地建立了由建设总指挥部统筹规划、施工单位执行落实、工程监理对施工期间日常的环保措施进行监督、环保监理对各部门环保工作进行全面把握的"四位一体"环保管理体系，[①]如图 5-1 所示。

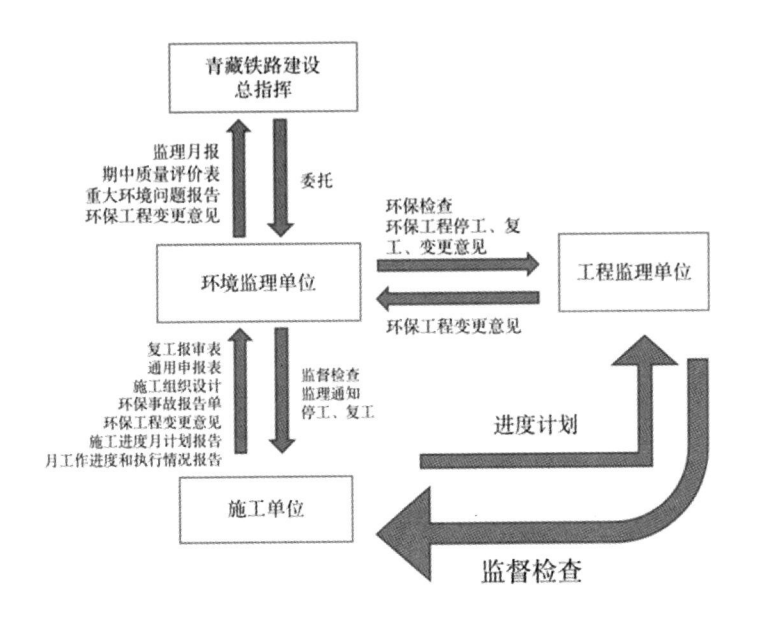

图 5-1 青藏铁路"四位一体"环保管理体系

在青藏铁路建设总指挥部的领导下，由环境监理单位牵头，会同设计、环评单位创制出一套完整的环境监理规章制度，包括《施工期环境监理指南》《施工期环境监理细则》等，其中细致地规定了施工准备阶段、施工期间和竣工阶段的环境监理工作内容。具体来看，还建立了一系列的工作制度来开展环境监理工作，比如会议制度（首次会议、监理例会、专题会议等）、记录报告制度、档案管理制度等。[②]

青藏铁路建设的环境监理工作在总结出很多成功经验的同时也暴露出一些问题，其中最主要的就是如何妥善处理与工程监理的职责划分问题。

---

① 姜海波、孙健：《环保管理制度的创新——环境监理制度在青藏铁路格拉段施工期的探索》，载《铁道劳动安全卫生与环保》2008 年第 1 期，第 9-12 页。
② 姜海波、孙健：《环保管理制度的创新——环境监理制度在青藏铁路格拉段施工期的探索》，载《铁道劳动安全卫生与环保》2008 年第 1 期，第 9-12 页。

工程监理现在已经是一项比较成熟完善的制度，基于其职责范围，工程监理更加注重施工质量和施工进度，而环境监理则侧重于环境保护，从构建环境监理的初衷来讲，环境监理会对工程监理产生补充和监督的作用，但在现实运行中，还需要加强两个部门的衔接与协调。[①]

2. 成兰铁路

成兰铁路以隧道的形式穿越岷山，途经国家级和省级自然保护区、国家级风景名胜区、国家森林公园、国家地质公园等，涉及大熊猫、金丝猴等珍稀濒危物种的主要栖息地，其生态环境的敏感程度和环保要求均高于青藏铁路。

为此，成兰铁路工程引入了环境专项监理来完善环境管理体系，由独立的第三方作为环境监理单位，相对独立地开展环境监督工作，全面检查施工单位环保措施的执行情况，及时处理施工过程中的环保问题。竣工后，建设单位、设计单位、工程监理单位、环境监理单位、施工单位组成环保验收组，并邀请环保行政部门参加，进行环保独立验收。成兰铁路工程通过实施全新的环保管理模式，为确保项目环境影响降至最小提供坚实的保障。

针对项目线路长、影响范围广、建设周期长、参建单位多、工点数量大等特点，环境监理单位协助成兰公司主动与各级政府及环保、林业等行政主管部门对接沟通，及时落实政府监管的要求。与此同时，成兰铁路工程加强项目内部环境管理顶层设计交流，在传统"三位一体"的环境管理体系基础上，优化调整，构建了"指挥部统筹规划、工程日常监理、设计单位技术支持、施工单位执行落实、环境专项监理"的"五位一体"环境管理体系，[②]如图 5-2 所示。

[①] 陈泽昊、孙健、周铁军：《建设环保齐步走——青藏铁路环境监理实践》，载《环境保护》2009 年第 19 期，第 57-59 页。

[②] 郭二民、鲜国、李传富、赵栋、涂为民、张泽乾：《成兰铁路施工期环境管理模式》，载《环境影响评价》2015 年第 37 期，第 13-17 页。

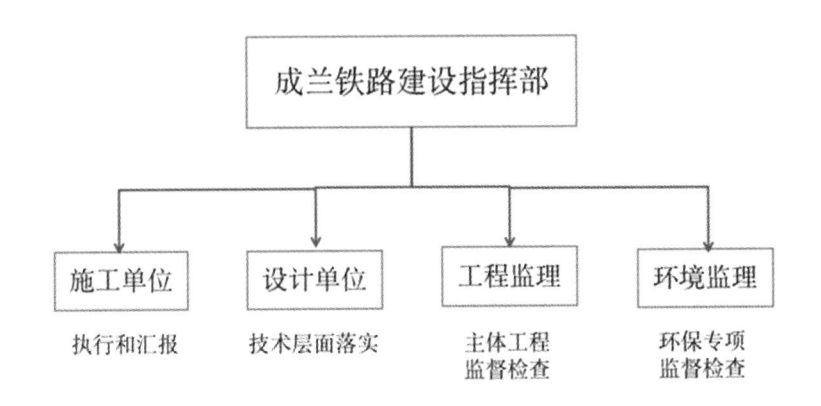

```
                    ┌──────────────────┐
                    │ 成兰铁路建设指挥部 │
                    └──────────────────┘
         ┌──────────┬──────┴───┬──────────┐
    ┌────┴───┐ ┌────┴───┐ ┌────┴───┐ ┌────┴───┐
    │施工单位│ │设计单位│ │工程监理│ │环境监理│
    └────────┘ └────────┘ └────────┘ └────────┘
     执行和汇报 技术层面落实  主体工程    环保专项
                            监督检查    监督检查
```

图 5-2 成兰铁路"五位一体"环保管理体系

环境监理单位发挥其专业优势,协助成兰铁路建设指挥部编制了以《成兰铁路建设施工期环境保护管理办法》为核心,包括《环保总体方案及卡控要点》《施工期环境保护措施》《临时工程环境恢复技术要求》《建设临时工程变更及移交地方管理办法》等一系列环境管理文件,并施行"备案登记、巡视联签、验收一票否决、双月动态评估考核"等特色管理制度。开工前,环境监理单位要求施工单位建立原始生态地貌的图片、视频等档案资料,申报登记承建工程的内容及拟采取的环保措施,并将环保措施纳入施工组织设计,由环境监理严格审查。施工过程中,施工单位和监理单位必须做好环保实施记录及文档管理,详细记载施工前后的环境状况以及环保措施执行情况,做好生态恢复,确保有据可查,环境监理负责监督。建立了"双月动态评估考核"和"验收一票否决"制度。由环境监理牵头,每两个月进行一次单体工程环保评估,形成评估报告。对于环保工作比较突出的单位,给予"信用评价"加分和相关奖励,并向铁路总公司和环保部报告表彰;对于环保工作不到位的,根据具体情况进行通报和处罚。成兰铁路建设指挥部建立了环境保护宣传教育制度。环境监理先后多次协助业主或主导组织召开环保培训和会议,深入宣传环保法律法规、项目环保要求及管理制度等①。

二、我国铁路建设环境监理存在的问题与原因分析

（一）环境监理的法律依据不明确

关于铁路建设中的环境监理，目前我国尚未制定专门的法律或行政法规，没有通过法律对环境监理制度进行确认，因此在铁路建设中适用环境监理机制缺乏一定的法律基础。

从环境监理立法的层级来看，环境监理的立法层级低，高层级立法缺失，我国尚没有制定环境监理的单行法，环境监理方面的立法停留在部门规章和地方性规章层面，更高层级的环境监理立法还处于空缺状态。从环境监理立法的形式来看，现有的一些规定大多以"通知""意见""函"的形式出现，如《国家环境保护总局关于进一步加强环境监理工作若干意见的通知》（环发〔1999〕141号）、《国务院关于加强环境保护重点工作的意见》（国发〔2011〕35号）、《环境保护部办公厅关于同意将辽宁省列为建设项目施工期环境监理工作试点省的复函》（环办函〔2010〕630号）等。严格来讲，上述"通知""意见""函"并不属于法律，尤其是很多文件缺少法律责任的规定，导致其规范性和强制性均存在缺陷。②同时，目前我国在法律层面并未对环境监理作出清晰的界定，没有统一明确环境监理的内涵，这也会进一步削弱环境监理在铁路建设中的实际效用。③通过更高层级的立法，将环境监理纳入法制化的轨道显得尤为紧迫。

---

① 参见郭二民、鲜国、李传富、赵栋、涂为民、张泽乾：《成兰铁路施工期环境管理模式》，载《环境影响评价》2015年第37期，第13-17页。
② 参见王江：《环境监理：形成逻辑、法制缺失与立法构想》，载《云南社会科学》2013年第5期，第139-143页。
③ 包苏日古格、锡林哈斯：《我国工程建设项目环境监理发展存在问题及未来发展趋势》，载《环境与发展》2019年第31期，第251、253页。

（二）环境监理的技术规范不统一

从试点经验来看，目前铁路建设行业尚未制定统一的技术规范，而是在每个项目中，由环境监理机构牵头制定该项目所适用的技术要求等。鉴于铁路工程重大，为了保障工程的质量，制定一套统一适用的技术规范具有必要性。

近年来，一些积累了实践经验的环境监理机构，如辽宁碧海环境保护工程监理有限公司、浙江省环境保护科学设计研究院环境监理中心和中国水电顾问集团成都勘测设计研究院等分别制定了工程环境监理工作规范和指南，但仅作为内部资料来指导本机构的监理工作。由于没有统一的规范，工程环境监理的工作程序、范围、内容、方法、深度以及组织模式等都不尽相同，统一的工作机制体系没有形成，使得新进入该行业的机构缺乏指导，严重制约了工程环境监理工作的开展。[1]

目前，环境监理单位主要将环评文件、设计文件、环保行政部门的意见以及环境监理合同作为工作依据。但是，由于环境监理缺乏统一的标准，监理机构在签订合同时在收费标准、检验标准、验收标准方面以及在监理过程中的职责和权限都无法明确，造成监理过程中工作被动和监理机构利益难以得到保障。另外，没有统一标准和量化指标，不同地区对于环境监理要求的尺度掌握也有较大差异。从表 5-2 我们就可以看出，不同地区对环境监理有不同的规范要求，有的地区已经制定技术规范，有的地区则没有。

（三）环境监理的权责划分不明晰

在试点工作中暴露的另一个问题就是环境监理单位和工程监理单位的权责划分不够明晰，从而导致工程监理对环保管理的积极性不高。对于铁路建设这种线路长的工程来说，如果工程监理和环保监理不能密切配合则

---

[1] 谭民强、步青云、蔡梅、乔皎、王辉民：《关于建立工程环境监理制度的问题分析与对策探索》，载《环境保护》2009 年第 8 期，第 60-63 页。

环保管理容易出现漏洞。

环境监理单位受建设单位委托，相对独立地对施工单位的环保工作进行监督和检查，并与工程监理单位进行合作、协调。环境监理单位既是民事法律关系的主体，经业主的授权而开展工作，向业主负责，同时又受环保行政部门的授权从事环境监理，肩负一定的环保监管职能。在实践中，对环境监理与施工单位关系、环境监理与环保行政部门关系、环境监理与工程监理关系等的处理存在诸多问题，现有制度对此尚未作出明确的规定。

三、我国铁路建设环境监理的制度体系构建

（一）提高立法层级，确保环境监理的开展有法可依

制度体系的构建要以法律法规作为基础和支撑，但是目前我国还没有制定环境监理相关的法律规定，以致在铁路建设中环境监理的适用和开展没有法律作为根据。所以，首先应当在法律或行政法规中确定工程环境监理的合法性，明确环境监理从业队伍的法律地位、合理性和必要性，为最终建立铁路行业环境监理制度奠定法律基础。

环境监理法律体系的建立是一个循序渐进的过程，比如，首先，可先制定地方性的《建设项目环境监理管理办法》，借鉴试点省份的做法，在地方性法规的层面对环境监理的概念、适用范围、环境监理单位的资质要求、实施程序、监督管理等基本内容进行确认；其次，专门制定环境监理法律，或者在与环境监理相关的法律法规中增加相关条款规定，如在《中华人民共和国环境保护法》《中华人民共和国环境影响评价法》《中华人民共和国建筑法》等法律中增加一定的与环境监理相关的规定。由于建设工程涉及行业类型众多且相对比较专业，环境保护的要求不一，笔者建议采用单行立法的方式，将建设项目按照行业大类进行细分，至少包括生态类建设项目的环境监理、工业类建设项目的环境监理等，使得建设工程环境监理制度化，进而推动环境监理制度法律体系不断完善。

（二）统一技术规范，确保环境监理的执行标准一致

全面实行建设工程环境监理制度不仅要有法可依，在实施的过程中更要有"规"可循，完善的规范和标准是保证环境监理科学性的主要依据。由于环境监理目前还没有相应的工作规范，也缺乏相关标准，使得铁路建设项目每次都需要制定新的技术规范，不同建设项目的技术标准不一，可能导致每个项目在质量控制上产生较大差异。另外，环境监理机构主要依靠自身经验来制定规范，不利于我国铁路建设环保要求的落实，也不利于监理工作的考核与监督。

因此，我国目前迫切需要研究制定出全国统一的工程环境监理工作规范，完善技术标准体系，确立考核与验收指标，既为工程环境监理开展提供依据，也为考核监理机构工作成效提供标准，使得各项措施更加合理、可行、有效。另外，由于工程环境监理机构为第三方技术咨询机构，经济效益的好坏是影响其发展的重要因素，因此，必须尽快制定符合建设方和工程环境监理机构合法权益的收费标准，确保监理机构顺利健康发展，促进工程环境监理行业有序繁荣。

（三）规范监理职权，确保监理主体的权责分配合理

针对试点工程暴露出的两大监理权责分配不合理的问题，应寻找有效的解决方式，避免问题再次发生。从性质上来看，环境监理与工程监理有根本上的不同，环境监理"公"的色彩更为明显，更偏重于保护公益。因此，环境监理的独立性显得尤为重要。在之前的试点中，青藏铁路的"四位一体"和成兰铁路的"五位一体"环保管理体系达到了良好的环境保护效果，在铁路建设总指挥部的统筹领导下，工程监理和环境监理分工明确，各部门配合协调。

环境监理主体职权应结合项目建设的不同阶段来配置。具体来说，在项目开工建设前，环境监理主体有权要求项目建设单位报送拟建项目的总体规划、环境影响评价文件等文件，以便于其进行环境监理的准备工作。在环境监理的重点工作阶段即项目的施工阶段，环境监理主体有权对项目

建设施工进行全过程的环境监理，有权及时阻止并纠正承建单位违反环境监理法律规范的行为，有权就有关情况向环境保护行政主管部门报告。在项目竣工以后、投产试用之前，环境监理主体应出具建设项目的环境监理报告，作为项目竣工验收的依据。

四、结语

环境监理为青藏铁路、成兰铁路等铁路建设环境保护作出了重要贡献，这一制度也得到了中国国家铁路集团有限公司、国家环保总局、铁路建设总指挥部的好评，我们应该在总结试点经验的基础上，构建适合我们国家地理生态情况的环境监理法律体系，从法律层面对环境监理制度作出确认，同时制定详细具体的部门法，以规范实践中的环境监理问题，发布全国统一的技术执行标准，准确界定工程监理和环境监理的职责范围，从而实现在铁路建设过程中各部门全方位一体化，实现全阶段环境保护全覆盖。

专题六：
论复杂地势铁路建设环境风险防控的法律路径*

2020年11月21日，川藏铁路绿色工程建设座谈会在西藏林芝召开，生态环境部部长指出：习近平总书记高度重视川藏铁路生态环境保护工作，多次作出重要指示批示，明确指出川藏铁路沿线生态环境脆弱，要绿色施工，高质量推进工程建设。同时《"十三五"生态环境保护规划》指出，要提升风险防控基础能力，将风险纳入常态化管理，有效防范和降低环境风险。以川藏铁路这一典型复杂地势铁路工程为例，我国其他诸多复杂地势铁路的建设也应当有效防控环境风险，构建高效的环境风险防范体系。

实质上，所谓"环境风险"，指不确定的对生态系统结构和功能的危害，其由人为原因导致，具有时间上跨度大、空间上辐射广的特点，一旦潜在的环境风险得以具象化为现实危害，将波及整个人类社会与自然环境，往往难以修复。[1]川藏铁路东起四川省成都市，向西经雅安、康定、昌都、林芝、山南，终于西藏自治区首府拉萨。其中成都至雅安段（成雅段）于2018年12月28日开通运营，拉萨至林芝段（拉林段）于2014年12月开工建设，2021年建成通车；雅安至林芝为新建段，正线全长1 008.45千米，新建车站24个（不含雅安站、林芝站），桥隧总长965.74千米，桥隧比95.8%，其中新建桥梁114.22千米（93座），占线路长度11.33%，新建隧道851.48千米（72座），占线路长度84.43%。

---

* 本部分内容由西南石油大学法学院副教授王浩和西南石油大学法学院2021级硕士研究生韩佳宜撰写。

[1] 石楠：《环境风险防控中的行政裁量》，载《黑龙江省政法管理干部学院学报》2021年第2期，第56-61页。

其中从雅安到林芝的雅林铁路工程以及从拉萨到林芝的拉林铁路工程因沿线地势复杂，建设过程中伴随着大量的环境风险，潜在的环境风险具有巨大的破坏力，给工程建设和运营带来极高的安全风险。一是铁路建设风险高发，铁路外部安全环境风险占总风险的30%。二是没有建立环境风险防控制度，导致排查整治复杂地势铁路建设环境风险的难度较大，环境安全问题长期无法根除，严重影响了铁路的整体安全运行。三是铁路事故中的环境因素是造成事故的主要原因，特别是随着复杂地势铁路沿线人为活动的增加，铁路建设环境风险所引起的故障和事故也越来越多，对铁路的运输安全和国家经济都会产生重大影响。

因此，本文通过实证考察雅林铁路、拉林铁路等复杂地势铁路工程建设中的环境风险，提出在风险预防的理念指引下完善复杂地势铁路建设环境风险防控法律制度，在理论创新基础上为铁路建设风险防控提供建议。

一、复杂地势铁路建设环境风险亟需建立防控制度

（一）建立复杂地势铁路建设环境风险防控制度有利于保障铁路建设和运营

川藏铁路雅安至林芝段，沿线地形地质和气候条件复杂、生态环境脆弱，修建难度之大世所罕见：建造于青藏高原东缘板块碰撞和构造活跃的地形急变带；天气气候变化剧烈，水系分布复杂，内外动力地质作用强烈，地震活动高发；不良地质和特殊岩土发育，工程地质条件极其复杂，自然灾害频发；同时穿越十余条深大断裂带及大型缝合带，该范围内活动断层不仅密集发育、构造运动活跃，且处于高烈度地震带。深埋超长隧道在开挖强扰动过程中和地震作用下极易诱发地质结构体沿断层滑移错动，进而对隧道结构产生强烈的剪切错断效应，危及隧道施工及运营安全。[1]鉴于上

---

[1] 建兵、崔鹏、庄建琦：《川藏铁路对工程地质提出的挑战》，载《岩石力学与工程学报》2020年第39卷第12期，第2377-2389页。

述特殊地理因素，虽然在以往的铁路建设方面我国已有较为成熟的方法和经验，但在遵循基本方法、基本思路的同时，应当建立特殊的独立的复杂地势铁路环境风险防控制度，通过环境风险防控管理体制、机制、方法等方面的创新，来保障复杂地势铁路的建设安全。

国家发展改革委联合交通运输部编制了《"十四五"现代综合交通运输体系发展规划》，并印发实施了《成渝地区双城经济圈综合交通运输发展规划》《"十四五"推进西部陆海新通道高质量建设实施方案》等[①]，对有序推进川藏铁路这一国家重大工程项目建设实施提供了规划支撑，明确了重点方向和领域。复杂地势铁路环境风险防控制度既涉及地质、水文、气象、工程结构、施工设施等各方面，又涉及正式工程与临时工程，同时包括勘察设计、建设管理、灾害监测和应急救援。建立复杂地势铁路建设环境风险防控制度有利于提升环境质量，减缓沿线滑坡、水土流失、冻融侵蚀等灾害的发生，保障铁路建设和后期运营安全。

（二）建立复杂地势铁路建设环境风险防控制度有利于维护沿线生态平衡

雅林铁路段和拉林铁路段贯穿我国最重要的"青藏高原生态屏障"和"黄土高原—川滇生态屏障"的主要分布区，以及重要水源涵养区、国家重点水土流失防控区和全球生物多样性 25 个热点地区之一。线路经过区域国家级保护区数 10 处，涉及大熊猫等珍稀动植物近百种，生态环境敏感，环境保护任务艰巨，铁路建设过程中保证生态环境质量尤为重要。2015年中央第六次西藏工作座谈会上习近平总书记提出的要求是要坚持生态保护第一。2020 年 4 月 10 日，习近平总书记主持召开中央财经委员会第七次会议时指出："越来越多的人类活动不断触及自然生态的边界和底线。要为自然守住安全边界和底线，形成人与自然和谐共生的格局。"习近平总书

---

① 汪鸣、向爱兵、杨宜佳:《"十四五"我国交通运输发展思路》，载《北京交通大学学报（社会科学版）》2022 年第 21 卷第 2 期，第 68-75 页。

记还指出:"保护生态环境首先要摸清家底、掌握动态。"①川藏铁路生态环境质量监测工作还将持续开展,监测人员将秉持主动服务、保障绿色工程建设的工作要求,继续发扬"老西藏精神"和"两路精神",让绿色成为川藏铁路及其沿线区域的亮丽底色。复杂地势铁路建设环境风险防控制度的建立有利于形成统一、全面、高效的环境风险防控体系,为服务并指导于复杂地势铁路沿线自然资源的开发利用、水资源保护、大气污染防治、荒漠化治理等生态环境保护提供有力的法律保障。

(三)建立复杂地势铁路建设环境风险防控制度有利于提升沿线居民生存条件

一方面,复杂地势铁路一般隧道众多,有的超长超深,有的地处高地应力、断裂带、极高地温等区域,根据以往铁路建设经验,隧道施工发生安全事故的概率最高,包括坍塌、突泥突水等,在沿线居民安全方面需重点防范。如 2010 年 9 月 7 日甘肃舟曲泥石流灾害共造成 1557 人遇难,208 人失踪;2019 年 3 月 15 日山西临汾乡宁山体滑坡,造成 20 人遇难;2016 年 6 月 19 日,在成贵铁路大土地隧道附近,某施工单位队伍驻地背后发生山体滑坡,摧毁住房,造成 7 人死亡。由此可见,高陡、高寒、高烈度、高地应力地理环境下修建的复杂地势铁路将面临严重的地质灾害及其灾害链风险,给川藏铁路安全运维和周边居民的生存安全带来严峻挑战。

另一方面,建设风险防控制度对提升沿线民居环境和人民福祉具有多重意义。2020 年 11 月 8 日,习近平总书记对川藏铁路开工建设作出重要指示,强调"建设川藏铁路是贯彻落实新时代党的治藏方略的一项重大举措,对维护国家统一、促进民族团结、巩固边疆稳定,对推动西部地区特别是川藏两省区经济社会发展,具有十分重要的意义"。同时,中共中央政治局常委、国务院总理李克强作出批示指出:"建设川藏铁路是党中央、国务院立足全局、着眼长远作出的重大战略部署。"从拉萨到林芝的拉林铁路

---

① 王海芹:《理解习近平生态文明思想的内在逻辑》,载《中国经济时报》2021年9月23日,第4版。

作为西藏自治区对外运输通道的重要组成部分，是引导产业布局、促进沿线国土开发、整合旅游资源的黄金通道。①复杂地势铁路建设环境风险防控制度是保障铁路顺利运行的重要制度，其预防风险的功能对铁路的未来运行和发展有着举足轻重的作用，因此建立复杂地势铁路建设环境风险防控制度有利于提升沿线居民生存条件。

二、复杂地势铁路建设环境风险防控制度实践检视

目前雅安至林芝段铁路工程正紧锣密鼓地进行建设施工，但对于环境风险防控从实践的角度来看还存在以下一些亟待解决的关键问题。

（一）复杂地势铁路建设环境风险制度依据不足

第一，复杂地势铁路建设环境风险防控存在专项法律空白。环境法律法规中有环境风险防控的相关内容，如2015年的《中华人民共和国环境保护法》提出了预防为主原则，对突发环境事件预警、应急和处置做出了规定，并提出建立、健全环境与健康监测、调查和风险评估制度。②《中华人民共和国铁路法》中也明确了铁路安全管理坚持安全第一、预防为主、综合治理的方针。但同时涉及铁路与环境风险的条款很少见，针对铁路环境风险防控缺少专门的法律法规规定。同时，我国目前关于环境风险的预警制度也尚未建立，缺乏针对性规定，突发环境事件应急准备制度不健全。

第二，与复杂地势铁路建设环境风险防控相关的现有法律法规层级较低，内容分散。涉及铁路环境风险防控与管理的现有的法律法规层级较低，目前同时涉及环境风险与铁路的仅有《铁路环境保护规定》《高速铁路安全防护管理办法》《铁路环境保护监察办法》以及各省级行政单位出台的铁路安全法规规章，并且存在相关条款仍然不够具体明晰，可操作性不强，长

---

① 白鹏飞：《川藏铁路绿色选线方案比选方法的研究》，西南交通大学2020年硕士学位论文。
② 毕军、马宗伟、刘苗苗、陈凯、杨建勋：《我国环境风险管理的现状与重点》，载《环境保护》2017年第45卷第5期，第14-19页。

期慢性生态风险和健康风险防控还基本处于空白等系列问题。

第三，复杂地势铁路建设环境风险防控的其他政策法律规则还十分欠缺。关于复杂地势铁路风险防控涉及的其他辅助性文件在法律法规中没有明确规定，如环境风险评估法律依据不足、环境风险预警制度尚未建立。[①] 预防复杂地势铁路建设环境风险发生或者减轻风险危害的有效办法是建立系统的法律保障体系，而这些规范性文件的缺失也势必会影响复杂地势铁路的建设。

（二）复杂地势铁路建设环境风险防控体制不顺

一是复杂地势铁路主管环境风险防控管理的部门不明晰。复杂地势铁路工程建设过程需要公安、环保、交通运输、卫生、工商等部门承担相应的职责。这些部门在部分领域存在"制度交叉"、在部分领域存在"制度盲区"，在这一专门事项中部门职责不清晰。行政系统内部没有具体区分主管部分，导致在调用资源应对环境风险突发情形时无法产生合力，使得行政机关在针对复杂地势铁路环境风险执法时的针对性、可操作性、时效性大打折扣。部分地方政府及其职能部门对于决策中的环境风险沟通机制认识不足。[②]

二是复杂地势铁路环境风险防控需要多主体发力，但传统的风险防控仍然以政府为主要责任人，忽视了企业、社会团体等主体的参与。一方面，是因为政府在有效引导公众科学认知铁路环境风险等方面存在短板，影响环境风险共识的形成，导致公众对复杂地势铁路建设环境风险问题不了解、不知情。如在铁路绿化带烧荒可能会导致铁路路段的电缆损坏、在高铁上违规伐木可能会导致树木倾倒入铁路等[③]，这些都是铁路外部环境安全风

[①] 孙佑海：《环境风险防控，是不是该立法了？》，载《环境经济》2015年第28期，第14-15页。
[②] 冯子轩：《将环境风险防控机制嵌入行政决策》，载《群众》2017年第4期，第60-61页。
[③] 张加奇：《铁路外部环境安全隐患治理对策》，载《中国铁路》2020年第2期，第66-69页。

险。另一方面,企业等主体缺乏参与环境风险防控的自觉性和积极性。复杂地势铁路的建设过程中企业应当是预防铁路环境风险的第一线主力军,他们每天接触铁路外部环境,掌握着第一手资料,但若没有意识到外部环境问题对铁路安全的重要性,没有及时汇报,可能导致小隐患发展成大问题,后期治理难度加大。

(三)复杂地势铁路建设环境风险防控机制不畅

第一,复杂地势铁路建设环境风险防控标准不完善。复杂地势铁路建设环境风险防控采取标准控制的方式,然而,环境风险防控的标准不完善。标准是确定具体环境风险防控的重要依据,目前国家对环境风险防控的管理指南与标准主要为《建设项目环境风险评价技术导则》(HJ169—2018)。但现有的指南或导则与现实需求尚有差距,没有体现出系统性、层次性与针对性,尚不具备系统完整、涵盖风险全过程的环境风险评价与管理的标准体系。总体来说,我国尚未形成完善的环境风险管理标准体系,同时也缺乏铁路建设风险水平评估的支撑。

第二,复杂地势铁路建设环境风险的应急处置程序和要求亟待完善。川藏铁路建设环境风险防控中的突发环境风险缺乏相应程序设置,虽然《中华人民共和国突发事件应对法》和《国家突发环境事件应急预案》对于应急处置的程序和要求有明确规定[1],但部分规定较为原则,部分规定不能适用于川藏铁路建设。一是复杂地势铁路建设环境风险中生态影响评估不全面,主要是缺乏辅助工程对生态影响的评估、隧道工程排水对生态系统的威胁评估以及对非国家Ⅰ、Ⅱ类保护物种影响的评估;二是复杂地势铁路建设环境风险评估不足,主要是对大量渣土潜在的次生水土流失及其环境效应缺乏科学评估、对隧道工程排水的环境效应考虑不足、对区域冻土环境影响的评估不足;三是对复杂地势铁路建设环境风险中敏感生态系统风险变化的评估不足。

---

[1] 李丹:《突发环境事件应对立法问题研究》,载《江苏大学学报(社会科学版)》2016年第18卷第5期,第32-39页。

第三，复杂地势铁路建设环境风险责任不明确。由于雅安到林芝段的铁路工程建设跨越的区域较广、涉及的部门较多，从而导致以下问题：一是地方人民政府属地管理职责不清，部分地方对于复杂地势铁路建设跨界环境风险的预防责任相互推诿，还有部分地方认为重特大事件应由上级人民政府组织应急响应，故先期处置不及时。二是交通部门、环境保护部门、自然资源部门、城乡建设部门等的法定职责界定不清。部分地方要求环保部门承担突发环境事件应对的所有任务，这远远超出环保部门的能力。且由于没有厘清政府部门在复杂地势铁路建设中的职责问题，当企业发现环境风险时，对需要由政府解决的隐患问题，不能及时找到负责部门对接，这往往导致环境风险得不到有效处理。三是过于强化政府的环境风险安全监管责任，习惯于运用行政强制等手段来强化环境管理，缺乏对经济刺激、公众参与等"柔性"措施的规定，对企业参与川藏铁路建设环境风险防控如何履行主体责任规定不足。

三、复杂地势铁路建设环境风险防控的原则

（一）风险预防原则

缺乏风险预防原则引导社会性监管制度运转，极易造成监管部门反应迟缓或者反应过度[①]。就铁路运行而言，风险预防原则缺位是近年来的铁路安全责任事故发生、环境风险治理不当的一个重要原因。如2021发生的杭衢铁路岩塘山隧道"11·16"较大事故，该事故是因地质突发变化引发的一起较大生产安全责任事故。对于环境风险的预警、沟通、监管等风险预防机制的混乱是事故相关企业和部门存在的主要问题。监管部门反应迟缓意味着监管不作为导致事故频发，而监管部门反应过度，则会导致监管不当，造成对合法权益的侵犯与克减。由此需要引入风险预防原则，让复杂地势铁路建设环境风险监管机构在识别风险后，提前采取预防措施防范风

---

① 王浩、曾子为：《论预防式社会性监管——以化工行业风险监管为例》，载《理论与改革》2020年第5期，第97—114页。

险。目前学界尚未形成对风险预防原则的统一定义，但该原则的核心内容已经确立，即在进行有关健康、环境的决策时，应当对科学上存在的不确定性因素进行充分考虑。就复杂地势铁路建设而言，风险预防原则能够用以预防具有科学不确定性的环境风险，是保护沿线居民生存环境和保护生态环境的重要原则。从国际环境条约和环境基本法的成功经验来看，规定风险预防原则，对于预防今后可能发生的重大环境损害，促进社会、经济的可持续发展具有重要意义。由于铁路工程建设不仅需要遵循环境立法，在实践中还会涉及环境司法和环境执法，因此在复杂地势铁路建设环境风险防控制度中贯彻风险预防原则既符合环境基本法所确认的基本准则，又是实践所必须的。[1]。

（二）合作原则

所谓合作原则，是指各监管主体共享权力、共担责任，采取灵活的监管方式实施监管。一方面，复杂地势铁路建设环境风险防控可以进行跨行政区域合作。我国现行区域环境保护仍以行政区划为主，但复杂地势铁路工程建设不仅限于静态划分下的行政区域，各运营路段就涉及各省市区以及各部门。受行政区域管辖限制，辖区所涉及的周边地区可能会存在环境沉疴。面对此种困境，可以借鉴"奎屯—独山子—乌苏"大气污染联防联控的经验，尝试以山脉、河流等天然形成的区域地貌和生态为基础，对环境风险防控作出整体规划，建立跨行政区域环境保护合作[2]。各运营站段及各部门主动发挥各自职能优势，与当地派出所相互配合，积极与当地政府有关部门及综治护路部门沟通，实现设施共享、信息共享，真正实现互联互通、协同作战。

另一方面，复杂地势铁路建设环境风险防控可以集合社会各主体的力

---

[1] 于鲁平：《论风险预防原则在海岸带综合管理中的应用》，载《前沿》2014年第27期，第95-96页。
[2] 王燕飞：《"一带一路"视域下新疆生态环境风险防控论》，载《河北地质大学学报》2019年第42卷第2期，第83-88页。

量进行合作。首先，拓展企业、社会团体等主体参与复杂地势铁路建设环境风险防控的有效途径，加强铁路环境风险宣传，普及安全知识，特别是针对新建铁路沿线居民、村民，进一步增强沿线居民的铁路安全风险防范、安全应急意识和自救互救能力，积极营造全社会关注、全民参与铁路安全治理的良好氛围。其次，加强政府层面和企业层面工作的一体性。将政府和企业之间的安全管理和环境风险防控工作密切地结合起来也是贯彻合作原则的重要体现。①

（三）效率原则

首先，在复杂地势铁路建设风险管理机构的组织建制上体现效率原则。需要政府部门内部以及涉及复杂地势铁路建设的各部门间进行良好分工与协调。因此在复杂地势铁路建设风险防控上，需动员铁路单位、班组、部门、公检法等各部门落实责任，因地制宜，因势利导，齐抓共管，采取多种措施进行综合治理。其次，在铁路建设风险防控程序上体现效率原则。围绕效率原则，建立相应的铁路建设风险防控程序，能够消除政府主体、市场主体和社会主体间的壁垒，降低主体间合作交流成本，进而更高效凝聚环境风险防控合力。最后，在铁路建设风险防控方式上体现效率原则。对于铁路建设风险防控方式的选取，应在保障监管方式有效的基础上，进一步寻求达成铁路建设风险防控成果最优化的手段。从雅林铁路段和拉林铁路段建设环境风险防控的现实需求来看，其工程沿线山高谷深、资源匮乏、交通通信不便、人迹罕至，导致环境风险难测、难治。为了实现对生态环境、铁路运营安全的全面保障，政府应当及时跟进，这就要求加强环境风险防控和应急措施的有效性研究，对法律法规规定的相关措施进行系统梳理，厘清各项措施的目的、作用以及实际有效性，建立分类、分层次的措施体系。

---

① 李爱华、王虹玉、侯春平、张冠男：《环境资源保护法》，清华大学出版社2017年版，第69-74页。

四、复杂地势铁路建设环境风险防控的路径选择

2016年,国家发布《"十三五"生态环境保护规划》,提出实行全程管控,有效防范和降低环境风险。2018年,习近平同志在全国生态环境保护大会上提出要加快建立健全"以生态系统良性循环和环境风险有效防控为重点的生态安全体系"。[①]复杂地势铁路建设项目一般具有地形起伏剧烈、工程地质复杂、生态环境敏感、气候条件恶劣、自然灾害频发等特点。本文拟围绕复杂地势铁路中的环境风险防控问题开展研究,在理论创新基础上为铁路建设风险防控供建议,具体包括以下几个方面:

(一)建立预防性环境风险防控规则体系

第一,设立复杂地势铁路建设环境风险防控专项法律法规。如制定专门的"铁路环境风险防范办法""铁路环境风险应对办法"等法律法规。第二,健全铁路方面环境风险管理的条款。加快我国铁路建设环境风险防控与管理法律法规体系的建设,在《铁路环境保护规定》《高速铁路安全防护管理办法》《铁路环境保护监察办法》以及各省级行政单位出台的铁路安全法规规章中完善铁路环境风险防控的条款。第三,完善复杂地势铁路建设环境风险防控的其他规范性文件。如完善关于复杂地势铁路风险防控涉及的环境风险评估法律法规,同时建立环境风险预警制度,建立系统的预防复杂地势铁路建设环境风险发生或者减轻风险危害的法律保障体系。

(二)建立多主体风险防控的主体结构

复杂地势铁路建设风险防控制度的有效运行依赖政府、企业、公众的合力参与,以形成一个完善的防控体系,因此从不同主体角度分别设计环境风险防控制度的基本框架是十分有必要的。

首先,建立跨部门、中央与地方环保部门的风险监控网络。基于复杂

[①] 符志友、张衍燊、冯承莲、郭昌胜、游静、孙宇巍、刘新妹、吴丰昌:《我国水环境风险管理进展、挑战与战略对策研究》,载《环境科学研究》2021年第34卷第7期,第1532-1541页。

地势铁路建设方案及实施计划，建立健全环境风险信息共享机制，保证数据准确统一、互联互通[①]。同时，建立面向公众、社会团体的多源环境风险信息披露机制，消除各利益相关方的信息不对称，保证公众获取环境信息渠道便捷畅通。

其次，改革环境风险防控的多部门分管体制，整合现有安全、环保、交通、公安等部门和机构涉及环境风险的行政监管职能，建立统一、独立、严密、高效的复杂地势铁路安全监管和环境风险防控、应对处置体系。因此，应对工作内容高度重合而丧失独立存在意义的部门机构进行合并，建立统一监督管理机构。

最后，引进市场机制和第三方社会力量参与风险防控管理，以获得科学合理的风险评估。通过引入市场主体，为我国政府防控复杂地势铁路建设环境风险减压；充分调动各主体的科技力量，深化对区域生态与环境问题科学本质的认识；充分发挥现代科学技术优势，弥补复杂地势铁路建设对生态环境影响的认知空白；重点围绕极敏感生态类型，从生态系统完整性、生态功能稳定性角度，提高工程建设对沿线生态与环境影响的判识准确度。

（三）采取综合的风险防控措施

第一，建立复杂地势铁路建设环境风险防控信息规制。环保部门与安监、公安消防、交通等部门协调建立预警信息平台，优化预警信息传递途径，有效提高预警能力和预警信息的传递速率。涉及复杂地势铁路建设环境风险的重大项目，应积极向利害相关方或者社会公众公开环境风险评估的相关内容。信息公开的内容应较为详尽，除结论外，还应适当公开形成结论的支撑材料。

第二，建立复杂地势铁路建设环境风险防控标准规制。通过标准分等级量化复杂地势铁路建设环境风险，利用定量或定性的标准分析方法，确

[①] 袁小尧：《风险预防原则：环境健康风险评估制度的构建基点》，载《上海法学研究》集刊，2020年第17卷，第238-243页。

定铁路外部环境中环境风险的危险程度，然后确定风险控制的优先级；根据阶段、区域、主体建立多层复杂地势铁路外环境安全风险数据库，通过明确防控主体、制定防控措施等，对川藏铁路建设环境风险的精确度、精确化等指标进行标准规制。

第三，使用新的执法方式进行复杂地势铁路建设环境风险防控。政府部门应充分运用各种柔性方式引导公众正确认识环境风险的具体情况，提高公众对环境风险的科学认知程度。[①]同时采用多种规制手段引导相关主体参与复杂地势铁路建设环境风险防控，对部分企业可以采取利益激励机制，如通过政府专项补贴，鼓励其参与复杂地势铁路建设环境风险防控。

（四）健全全流程风险防控程序机制

第一，健全复杂地势铁路建设环境风险识别程序。复杂地势铁路为综合大型项目，对其的风险识别需要综合运用多种方式、多方面识别，应当建立综合的复杂地势铁路建设环境风险识别程序。通过该程序对复杂地势铁路环境风险进行分解，逐渐细化，以获得对复杂地势铁路建设环境风险的广泛认识，并整理得出复杂地势铁路建设始终的风险清单。以该清单为基础，从众多风险中，确定那些对复杂地势铁路建设阻碍较大的环境风险因素，作为主要风险，详细识别风险来源、风险特征和风险影响等。

第二，健全复杂地势铁路建设环境风险预警程序。突出对复杂地势铁路建设中生态环境极敏感和高风险区或对象的重点防控，同时兼顾全域生态环境安全预警，建立健全沿线敏感区域生态与环境系统变化的预报及预警系统；整合工程沿线自然灾害与生态环境安全的预警体系，筑牢生态安全屏障，保障区域生态和铁路工程的长远安全。

第三，健全复杂地势铁路建设风险处置程序。该程序需要依据复杂地势铁路建设中环境风险评价准则，按高低、优先顺序排列，给出环境风险列表。首先由国铁集团等企业主体按照"查、停、告、巡"等程序，对复

---

① 冯子轩：《将环境风险防控机制嵌入行政决策》，《群众》2017 年第 4 期，第 60-61 页。

杂地势铁路建设各基段有关铁路运输安全的各种环境风险进行风险处置及排除。其次按照规定向上级主管部门、各部门和地方政府报告，在消除环境风险之前，要采取派人到现场进行检查、看守等必要的风险防护措施。

第四，健全复杂地势铁路建设中环境风险交流程序。对涵盖复杂地势铁路建设中各利益相关方在内的多主体进行环境风险认知的引导，使各主体共同参与到复杂地势铁路建设环境风险交流体系中。政府宣传部门应积极搭建沟通平台，推动社会达成对绿色发展方式的共识，共同参与到复杂地势铁路建设环境风险防控中来。

（五）落实多主体共担责任机制

通过落实多主体共担责任机制保障复杂地势铁路风险防控制度建设，同时厘清企业、政府、公众在环境风险防控全过程的权利与责任。构建政府主导、部门指导、企业负责、路地协同、多方共治的工作格局，依法解决突出问题，及时消除事故隐患，去存量、控增量，有效防范化解风险，持续改善铁路沿线安全环境。①

一方面，明确复杂地势铁路建设中各主体的责任。目前，复杂地势铁路风险防控涉及的环境风险监测、评估、预警工作广泛设立在不同管理部门和单位，这在一定程度上显示了环境风险管理机构臃肿、职能过于分散的问题。通过压实各方治理责任进行复杂地势铁路建设中环境风险防控，政府承担属地治理责任，铁路运输企业承担产权范围内治理责任，铁路监管部门承担专业监管责任，有关部门承担涉及本领域有关问题隐患治理的指导督促责任。②按照有关标准评估确定复杂地势铁路环境风险等级，针对不同等级的环境风险制定相应措施，逐一明确具体的责任部门、责任人，确保环境风险可控。

---

① 载中央人民政府网，《国务院办公厅转发交通运输部等单位关于加强铁路沿线安全环境治理工作意见的通知》，http://www.gov.cn/zhengce/content/ 2021-06/01/content_5614662.htm。
② 山西省人民政府公报，《山西省人民政府办公厅关于印发山西省铁路沿线安全环境管理"双段长"制实施办法的通知》。

另一方面,追究未履行风险防控义务主体的责任。个人在复杂地势铁路建设风险防控中给铁路建设、运输企业或者其他单位、个人财产造成损失的,依法承担民事责任。构成违反治安管理行为的,由公安机关依法给予治安管理处罚;构成犯罪的,依法追究刑事责任。铁路建设企业、单位对于铁路环境风险的监测、评估、预警违反关于复杂地势铁路建设环境风险防控规定,影响铁路运营安全的,由铁路监管部门、环保部门、公安部门等依照有关法律、行政法规规定予以罚款、责令改正、吊销相应的许可证件等处罚。各有关部门、单位和地方及其工作人员在复杂地势铁路建设风险防控中不依照规定履行职责的,对负有责任的领导人员和直接责任人员依法给予处分①。

---

① 彭扬华、应夏晖、陈雪梅、许晓雨:《轨道交通法律法规》,中国铁道出版社2014年版。

专题七：
雅林铁路建设技术创新的法律保护研究*

　　川藏铁路是国家"十三五"规划重点项目，分期分段建设运营，分为成雅段、雅林段和拉林段，设计时速在 120 千米到 200 千米。该线路自东向西穿越四川盆地西部与青藏高原东部，由位于第二阶梯的四川盆地经雅安过渡到第一阶梯的青藏高原，穿越二郎山、折多山、横断山等山脉，横跨大渡河、雅砻江、金沙江、澜沧江和怒江等大江大河。2020 年 11 月 8 日，川藏铁路雅安至林芝段开工建设，标志着这一重大工程正式进入建设实施阶段，也标志着川藏铁路建设进入关键期和困难期。习近平总书记高度重视川藏铁路建设，亲自主持召开中央政治局常委会会议研究部署全面推进川藏铁路项目，对推进工作多次作出重要指示。[①]建设川藏铁路意义重大，其不仅是促进民族团结、维护国家统一、巩固边疆稳定的需要，是促进西藏经济社会发展的需要，是贯彻落实党中央治藏方略的重大举措，还是促进西藏发展和民生改善的一项重大举措。作为川藏铁路的一部分，雅林段的地形地质和气候条件更加复杂，修建难度之大世所罕见。在雅林铁路建设过程中为了解决一系列难题，建设单位采取了许多创新技术，这些创新技术包含了技术人员或者研发人员的智力投入，应当受到法律的保护。

---

* 本部分内容由重庆交通大学讲师、北京康达（重庆）律师事务所兼职律师、专利代理师、重庆市人文社会科学重点研究基地交通文化研究中心兼职研究员王现兵撰写。

① 参见《习近平对川藏铁路开工建设作出重要指示强调 发扬"两路"精神和青藏铁路精神 高质量推进工程建设 李克强作出批示》，新华网，2021 年 11 月 7 日访问。

一、雅林铁路建设技术难题

雅林铁路段集合了山岭重丘、高原高寒、风沙荒漠、雷雨雪霜等多种极端地理环境和气候特征，川藏铁路所跨 14 条大江大河、21 座 4 000 米以上的雪山中，绝大部分都分布在雅林段，它被称为"最难建的铁路"。[1]

（一）超长、超深埋隧道建设困难

为克服地形高差，绕开不良地质区域，雅林铁路线路规划了许多埋深大于 1 千米、长度超过 20 千米的超深埋、超长隧道。隧道规划总长度约 843 千米，隧线占比 84%，其中长度超过 30 千米的特长隧道 6 条、总计 204 千米。如康定—新都桥段折多山隧道（38.3 千米），理塘—巴塘段海子山隧道（37 千米），八宿—波密段伯舒拉岭隧道（53 千米），然乌—通麦段易贡隧道（54 千米）。川藏铁路特长隧道面临的工程难题主要有高烈度、高地应力岩爆、软岩大变形、活动断裂带等，为了"安全、环保、高效"施工，全断面掘进机（Tunnel Boring Machine，TBM）施工法成为首选[2]。

雅林铁路沿线区域构造应力高度集中于青藏高原中部、东南及东北缘。地应力实测数据显示，我国西部地应力具有随深部地层增加而显著增加的特征，线路隧道区最大地应力达 78 兆帕，明显高于其他地块。[3]高地应力是导致岩爆及软岩变形频发的主要原因。隧道开挖不可避免地会对岩体产生扰动和破坏，开挖后促使围岩发生卸荷回弹及应力重分布，围岩逐渐发生塑性变形或破坏，进而导致硬脆性岩体（灰岩、花岗岩、砂岩等）发生弯折内鼓、劈裂剥落、张裂崩落等破坏，断裂破碎及软弱岩体（泥质岩、页岩等）发生屈服流动及挤压大变形。高地应力深埋隧道中，岩爆及软岩

---

[1] 参见《探访世界最险川藏铁路建设 破解山地灾害成关键》，央视网，2021 年 11 月 7 日访问。

[2] 参见杜彦良、杜立杰：《全断面岩石隧道掘进机：系统原理与集成设计》，华中科技大学出版社 2011 年版。

[3] 参见王成虎、高桂云、杨树新等：《基于中国西部构造应力分区的川藏铁路沿线地应力的状态分析与预估》，载《岩石力学与工程学报》2019 年第 38 卷第 11 期，第 2242 页。

变形导致的变形破坏方式有拱顶下沉、底板鼓胀隆起等。若围岩变形或岩爆烈度过大,支护不及时或支护强度不够均会导致初期变形过大而超过预留变形量,甚至导致二次衬砌开裂,这都将引起 TBM 刀盘异常磨损、护盾变形以及卡机等。

(二)雅林铁路沿线,山地灾害较为活跃

雅林铁路沿途地质复杂,不良地质极度发育;地下水和地表水丰富,有孔隙水、基岩裂隙水、岩溶水、断层带水等,包括高温热水以及低温融雪;有蚀变岩、泥质岩、粘土岩、软土、岩溶、盐岩和石膏,以及其他远古火山岩石等不良地质;存在放射性或其它有害性气体。在极端地质作用和风化作用下,川藏铁路沿线的山地灾害频繁,山崩、滑坡、泥石流、落塌方、落石以及突泥等地质灾害频发;其中,岩爆、涌水和突泥是铁路施工期间的三大棘手难题。[1]在诸多困难中,频繁发生的山体滑坡和泥石流等山区地质灾害是雅林铁路建设的关键影响因素之一。滑坡是指在重力影响下岩石和土壤沿着一段山坡下滑的现象,按发生的周期分为古滑坡、老滑坡和新滑坡。古滑坡是指全新世(始于 12000～10000 年前持续至今的地质时代)以前发生的滑坡。然而上万年前发生的古滑坡不代表不会再发生,这其中依然存在的巨大的危险。雅林铁路所要穿越的旺北古滑坡,情况就非常复杂,它的最大宽度超过 1 千米,长约 2 千米,滑坡体堆积厚度约 30～60 米。

除了大型滑坡体外,雅林铁路还须穿过多种泥石流灾害频发的区域。特别是沿线的日地沟地区,历史上曾发生过四次较大规模的泥石流,其中破坏力最大的是 1952 年的泥石流,出沟时"龙头"高达 7 米,将一座长约 10 米、净高 6 米的"天仙桥"卷走,破坏力极强。日地沟上游山体陡峻,最高点海拔近 6 千米,沟口最低点海拔还不到 1.7 千米,短短的一段距离高低落差超过了 4 千米,采用何种技术才能预防可能发生的泥石流对雅林

---

[1] 参见宋章、张广泽、蒋良文、吴光:《川藏铁路主要地质灾害特征及地质选线探析》,载《铁道标准设计》2016 年第 60 卷第 1 期,第 14-19 页。

铁路的影响是雅林铁路建设需要解决的问题。在西藏境内沿线泥石流灾害分布更加集中，活动也更加频繁，爆发的规模也更大，西藏境内有大中型泥石流沟谷 340 多条。泥石流的类型也具有多样性，有暴雨型泥石流，还有搬运力和破坏力更强的冰水型泥石流。

二、雅林铁路建设中的技术创新

为了克服川藏铁路建设面临的困境，国家川藏铁路技术创新中心揭牌组建。国家川藏铁路技术创新中心聚焦川藏铁路建设运营工程需求，坚持以突破关键核心技术、实现重大科技创新成果产业化为使命，重点围绕川藏铁路工程建设、环境保护、灾害防护、装备研制、运营管理等任务，搭建技术创新平台，组织开展重大科技攻关和技术方案论证，构建大数据智能支持、检验检测和咨询培训等全链条服务体系，推进创新成果转化。工程领域的专家学者也纷纷围绕着雅林铁路建设中的技术问题开展一系列的研究，为雅林铁路建设提供技术支持。

（一）雅林铁路隧道施工创新技术

雅林铁路沿线隧道工程建设具有长距离、高埋深的特点，同时地质条件较差。采用先进的 TBM（隧洞掘进机）施工适应性降低，易于诱发一系列工程事故，TBM 施工中曾因类似地质情况发生过岩爆、塌方、涌突水、卡机等事故，严重影响工程建设，如锦屏二级水电站引水隧洞、青海引大济湟工程、引汉济渭引水隧洞。因此，在雅林铁路沿线隧道施工时采用 TBM 施工方式，必须根据地质适应性，研究开发关键技术进行施工。刘卓在《川藏铁路全断面掘进机穿越断层破碎带隧道施工研究》中提出基于引汉济渭工程秦岭隧洞岭北 TBM 穿越断层破碎带的施工工艺和研究成果，提出了 TBM 穿越断层破碎带的施工方法。[1]利用激发极化法与三维地震法进行超

---

[1] 参见刘卓：《川藏铁路全断面掘进机穿越断层破碎带隧道施工研究》，载《中国工程机械学报》2019 年第 17 卷第 3 期，第 263 页。

前地质预报，施工纵向小导洞和横向导洞、管棚，利用多点位移计、光纤光栅应变计监测围岩应力和变形，解决了刀盘卡转，有助于防止隧道塌方。该施工工法可提高 TBM 适应不同地质条件的能力，优化 TBM 的施工组织设计，为雅林铁路长大隧道的施工提供借鉴。为了顺利通过该断层带，准确掌握在断层破碎带内人工开挖洞室、换拱期间围岩、支护拱架受力及变形情况，现场先后设置多点位移计 2 套、锚杆应力计 2 套、光纤光栅应变计 60 支、振弦式应变计 52 支、压力盒 10 个，实时监测岩体及支护拱架受力变形情况，发现监测数据突变或增长加速时，第一时间发出预警并将监测结果通报项目部，项目部针对性制定处理方案，防止事态扩大，确保施工安全。

王彦杰、李苍松等经过分析川藏铁路隧道 TBM 在复杂地质条件下的适应性，对岩爆、软岩大变形、涌突水及高地温条件下 TBM 施工关键技术进行改进，以期为雅林铁路复杂地质条件下的 TBM 施工提供参考。[1] TBM 施工至岩爆及软岩大变形区域时，需根据地质预报及现场工作情况采取一定支护措施；涌水地段施工可采取"水压分流排水+灌浆封堵加固"的措施，使水流稳定后方可施工；高地温区域施工中除常规通风物理降温措施外，富热水高温段还需采取限量排水、注浆封堵以减少热水涌出量，并采取结构防热措施。在岩爆区域施工时，将超前地质预报及微震监测等方法结合，分等级创造性地提出了有针对性的措施，从而控制岩爆影响范围。对中等等级岩爆，除应力释放外，提出了"封闭处理及支护"的施工方案。具体步骤：第一步喷射 20~30 厘米的钢纤维混凝土封闭岩面；第二步钢纤维混凝土初凝后，挂设编织钢筋网和中空涨壳式预应力锚杆并复喷混凝土；第三步正洞断面铺设 T 或 H 梁全圆拱架；第四步拱架外塌腔回填密实，对封闭岩面第二次喷射混凝土。对强烈等级岩爆创造性提出了"超前预处理+联合支护"的施工方案。具体步骤：第一步布设超前应力释放孔

---

[1] 参见王彦杰、李苍松等：《川藏铁路隧道主要不良地质 TBM 适应性分析及施工关键技术》，载《隧道建设》2021 年第 41 卷第 7 期，第 470 页。

或进行半断面导洞扩挖预处理；第二步边墙布置涨壳式预应力锚杆，其余采用砂浆锚杆，喷射钢纤维混凝土；第三步铺设钢筋排与钢拱架；第四步爆坑回填处理。

（二）雅林铁路复杂环境及线路条件下道岔的关键技术[1]

列车逆向进岔通过道岔侧股时，由于惯性力及离心力作用，曲线尖轨磨耗较为严重。为提高曲线尖轨的服役寿命，从四个方面采取优化措施：第一，优化道岔平面线型，尽可能采取较大的导曲线半径，能有效降低列车对曲线尖轨的冲击，减缓侧向磨耗。第二，优化曲线尖轨结构，增大前端薄弱小截面的轨头宽度，在直基本轨与曲线尖轨密贴范围内，对尖轨轨头进行加宽设计，采用水平藏尖式尖轨结构，通过铣削基本轨工作边，以加粗尖轨非工作边，对延长尖轨的服役寿命效果显著。第三，从材质上改善，曲线尖轨采用耐磨性能较好的合金钢钢轨或在线热处理钢轨，有利于减缓尖轨磨耗。第四，优化制造工艺，对尖轨采用激光熔覆技术，能够提高表面耐磨性，减小尖轨表面磨耗深度和接触疲劳因子，并提高其表层的抗疲劳性能。[2]岔区采用弹性扣件，滑床板、护轨垫板采用楔形调整弹片式扣件，设置防爬轨撑，轨下、板下弹性垫板采用三元乙丙橡胶。

三、雅林铁路建设技术创新的法律保护

2021年7月30日，习近平总书记在十九届中共中央政治局第三十二次集体学习时强调，要加强创新突破，转变发展理念、创新发展模式、增强发展动能，确保高质量发展。[3]在雅林铁路在建设过程中，为了解决所面临的困难确保工程建设顺利进行，广大技术人员、专家学者从不同角度、

---

[1] 参见王阿利：《川藏铁路道岔关键技术的研究》，载《山西建筑》2021年第47卷第16期，第111页。
[2] 参见李英男、李铸国等：《道岔尖轨表面的激光熔覆铁基耐磨涂层及其性能》，载《中国激光》2020年第4期，第122-124页。
[3] 参见《习近平谈治国理政》（第四卷），外文出版社2022年版。

不同领域，为了不同目的进行了多层次技术创新。这些技术创新有的是对现有技术的新的应用，有的是对现有技术的进一步改进，还有的是提出了新的技术方案。这些创新从不同程度解决了雅林铁路施工中遇到的问题，起到了良好的技术效果。这些技术创新为雅林铁路建设做出了巨大贡献，理应受到法律的保护。如何保护这些技术创新不能仅停留在技术层面的讨论，而应该落实到法律框架中加以讨论，落实到法律实践中予以考虑。技术创新的成果如果不能得到法律的保护，将大大打击技术人员、科研人员的创新积极性[1]。下文将就雅林铁路建设中的技术创新的法律保护进行分析和研究。

（一）保护的类型分析

从雅林铁路建设中的技术创新领域和手段来看，结合我国关于技术创新的立法保护规定，技术创新可以技术秘密的方式予以保护，也可以专利的方式予以保护。技术秘密是指能为权利人带来利益、权利人已采取严格的保密措施、不为公众所知悉的技术信息，包括设计、程序、配方、工艺、方法、诀窍及其他形式的技术信息，属于商业秘密的一种形式。专利又称专利技术，是指受到专利法保护的发明创造，是受国家认可并在公开的基础上进行法律保护的专有技术，具体指的是受国家法律保护的技术或者方案。专利是受法律规范保护的发明创造，申请人将一项发明创造向国家审批机关提出专利申请，经依法审查合格后向专利申请人授予的该国内规定的时间内对该项发明创造享有的专有权，并需要定时缴纳年费来维持这种国家的保护状态。在知识产权制度"以公开换保护"的制度环境下，专利赋予企业一定时空内对特定技术发明的垄断权，因而成为企业保护创新的重要手段。但专利保护具有不确定性，披露的信息也容易被竞争对手针对规避或建立专利围墙，而技术秘密有时更能有效减缓知识溢出、建立先发优势、达到保护创新、维持竞争力的作用。因此采用技术秘密或者专利的

---

[1] 参见李小伟：《科技创新法律问题研究》，载《苏州大学学报（哲学社会科学版）》2005年第1期，第32-34页。

形式各有千秋,技术研发者或者利害关系人可以根据自己的实际选择适用。

(二)雅林铁路建设技术创新可专利性分析

一项技术创新申请专利保护需要满足《中华人民共和国专利法》及《中华人民共和国专利法实施细则》规定的条件。从雅林铁路建设所涉及的创新技术实际来分析,其满足专利保护的基础条件。

1. 雅林铁路建设技术创新符合专利保护客体的要求

《中华人民共和国专利法》第二条、第五条和第二十五条对专利保护的客体作出了规定。[①]其中第二条第二款对于可授予专利权的发明专利申请主题给出了定义。根据该定义,发明保护的发明创造是"新的技术方案"。因此,专利法对发明专利的保护客体仅仅限制为"技术方案",无论是产品专利还是方案专利都是由技术方案来承载的。专利法意义上的"技术方案"具体解释为对要解决的技术问题所采取的利用自然规律的技术手段的集合,即技术方案是针对技术领域现有技术所存在的技术问题,提出的一系列技术手段的综合。反过来说,为采用符合自然规律的技术手段解决技术问题的方案,都不属于专利权保护的客体。专利所要求的技术方案需要具备技术手段、技术问题和技术效果三要素。技术手段通常体现在技术特征中,与雅林铁路建设技术最相符的是方法技术方案,方法技术方案的技术特征是工艺、步骤、流程及所采取的原料、设备工具等。川藏铁路建设中提出来很多方案,这些方案有施工组织方案、施工管理方案、施工安全方案和施工技术方案等。其中,提出的涉及具体施工流程的技术方案,符合专利法规定的方法专利保护客体,如 TBM 穿越断层破碎带的施工方法等。然而,非使用符合自然规律的技术特征的方案不符合专利保护客体的要求,如施工管理方案。这些方案属于商业方法,商业方法因其解决的问题和达到的效果皆不是技术性的,其所使用的手段是利用制度、命令、组织等规则来实现管理功能,所以不属于专利保护客体,不能以专利的形式进行保护。

---

① 参见《中华人民共和国专利法》第二条、第五条和第二十五条。

2. 雅林铁路技术方案具有实用性

评价雅林铁路建设创新技术是否能够以专利形式进行保护，除须判断该项技术是否满足客体条件外，还需要进行新颖性、创造性和实用性的判断。其中新颖性和创造性需要与现有技术进行比对，具有不确定性，而实用性是对技术方案本身客观功能进行的评价，具有确定性。根据《中华人民共和国专利法》第二十二条第四款的规定，一项发明创造如果要获得专利的保护，必须能够适于实际应用。对于方法专利技术，要求必须能够在产业中使用，并且能够解决技术问题。同时要求技术方案能够再现，即所属技术领域的技术人员能够根据方案重复实施，这种重复不具有随机性，实施结果基本相同。雅林铁路建设涉及的创新技术不仅仅适用在某一次，也不仅仅适用在川藏铁路建设中，在其他相同地质条件的工程建设中均可采用，技术人员能够重复再现相关技术，并且实施结果不是随机产生的，而是基本相同的。

四、结语

川藏铁路东起四川省成都市西至西藏自治区拉萨市，是国家"十三五"规划重点项目，建设川藏铁路意义重大。川藏铁路雅林段沿线地形地质和气候条件复杂、生态环境脆弱，修建难度之大世所罕见，被称为"最难建的铁路"。在铁路建设过程中出现了众多科研成果和技术创新。这些技术包含了技术人员或者研发人员的智力投入，应当受到法律的保护。技术创新可以技术秘密的方式予以保护，也可以专利的方式予以保护。文章阐释了技术秘密和专利两种不同保护方式的利弊，详细分析了雅林铁路建设技术创新是否满足专利保护的基础条件，论证了雅林铁路建设技术创新是否符合专利保护客体的要求，判断了雅林铁路技术方案是否具有实用性，进而提出了适用专利保护的可行性。

专题八：
雅林铁路建设技术创新与知识产权保护*

川藏铁路是高原复杂地势铁路，是串联四川省与西藏自治区的一条现代化铁路，是中国国内第二条进藏铁路，也是中国西南地区的干线铁路之一。[①]其雅林（雅安至林芝）铁路段穿越地区地形复杂、沟壑纵横、高差极大，而且区域溶洞、冻土等不良地质发育，区域内地应力作用活跃，地震、滑坡、泥石流等地质灾害活跃，地质条件十分复杂，建设技术难度大。川藏铁路是国家发展的重大战略部署，是长远发展和以百年计的伟大工程。川藏铁路建设是促进民族团结、维护国家统一、巩固边疆稳定的需要；同时，也是进一步促进我国西南地区以及西藏地区经济发展的需要。川藏铁路建设是高标准、高起点、高质量的宏伟工程建设，无论是从项目规模还是工程难度以及产生的深远意义上来说，都是世界少有的。

一、技术创新是雅林铁路建设的关键

雅林铁路因面对强烈的板块活动、脆弱的生态环境、显著的地形高差等建设难题，以及高原高寒、大风积雪、低温冻土等独特的气候特征和地理环境，被称为"最难建的铁路"。在此严峻条件下，仅套用传统铁路修建模式显然不妥，为保障雅林铁路成功修建，应因地制宜、革故鼎新，故技术创新尤为关键。

---

* 本部分内容由西南交通大学公共管理学院法学系副教授徐兴祥和西南交通大学公共管理学院法学系法学硕士研究生宋爱洁撰写。

① 《内畅外通 川藏铁路建设列入"十三五"重点项目》，四川新闻网，https://www.163.com/news/article/BHESDKPF00014Q4P.html2016-03-06，2022年2月23日访问。

铁路建设涉及轨道结构及部件、桥梁跨度技术、隧道技术、路基技术、工程材料技术等基础技术领域。针对雅林铁路建设，其经过特殊的地质和气候环境，还涉及许多特长隧道和桥梁，其地形落差大，全路段最高海拔4400米，全线海拔落差3000多米，其经过区域板块活动频繁，地震活动剧烈。建设中要通过抗震等先进技术，来克服板块活动和地质给铁路建设和运营带来的负面影响；雅林铁路沿线地质灾害严重，该区域山崩、滑坡、泥石流、落塌方、落石以及突泥等地质灾害频发，而岩爆、涌水和突泥是铁路建设施工中面临的主题技术难题；雅林铁路途经区域温差巨大，昼夜温差可达35℃，隧道洞内热泉可达92℃。高寒环境带来的主要天然隐患是季节性变化的冻土和积雪，冰害能以阻塞冻胀或融化冲击等作用破坏建筑物，通常结合昼夜温差、雨水、地震、强风等形成冰川泥石流、山洪或雪崩等自然灾害，影响雅林铁路顺利建设和正常运营；雅林铁路沿途经过大量国家级或省级自然保护区、风景名胜区、森林公园、地质公园、水源保护区和文物古迹等；沿线地形多半陡峭险峻，水土流失以及土地荒漠化较为严重，生态环境脆弱，对铁路沿线环境的有效保护是一大科技难题[1]。

技术创新也运用于具体的桥梁、隧道等的建设中。例如，雅林铁路藏木特大桥作为首座跨过雅鲁藏布江的铁路桥梁，在中国国内首次采用高强耐候钢，全桥均免涂装，以提高桥梁使用寿命[2]。雅林铁路昌果特大桥位于雅鲁藏布江边，考虑到其地处河谷且受风力影响大，故采用创新设计，使大桥可抵抗10.3级风力。雅林铁路桑珠岭隧道属于深埋隧道，受地温梯度及活跃的构造运动影响，常伴有高地温现象，且埋深越大高地温现象越严重。除此之外，其还存在岩爆、温泉水等不良地质，为克服这一现象，采用涨壳式锚杆锁住岩体、高压洒水，以降低岩面温度和释放应力，同时通

---

[1] 《川藏铁路建设中的科学问题与工程技术难题高层论坛在北京召开》，科技工作者之家，https://www.scimall.org.cn/article/detail?id=282180，2022年2月23日访问。

[2] 《川藏铁路拉林段重点标志性工程藏木特大桥合龙》，环球网，https://baijiahao.baidu.com/s?id=1670063569963720，2022年9月6日访问。

过设置接力风机加强通风、安装自动喷淋系统洒水、洞内放置冰块等措施降温[1]。拉林（拉萨至林芝）铁路巴玉隧道不仅面临高地温、通风排烟困难、运距超长等困难，而且其位于岩爆区。岩爆是一种复杂的动力型灾害，也是一种常见的地质灾害，一旦发生会造成严重后果。为有效应对岩爆，建设者对施工面前方的地应力、岩爆等级、岩爆预警及预防等进行深入分析研究，建立了涵盖微震监测、地应力检测和超前地质预报等岩爆预警、预测和观测平台，发明了跟踪岩爆的微震传感器阵列动态布置技术，并首次搭建青藏高原远距离无线通信传输的岩爆实时微震监测系统[2]。

雅林铁路建设和建成后的运营、维护等都面临许多技术难题，故需要开展大量的科学研究和技术创新工作，研发出更多的适用于雅林铁路复杂地理环境的技术成果，只有这样才能为雅林铁路建设保驾护航。因此技术创新和技术成果知识产权的保护是雅林铁路建设的重要保障。

二、知识产权保护是雅林铁路建设技术创新的法律保障

创新是引领高质量发展的第一动力，是建设现代化经济体系的战略支撑。而提高创新意识、推动技术创新的最重要的激励机制就是以专利制度为中心的知识产权保护制度[3]。知识产权保护是指对人类智力劳动成果，特别是科技创新成果进行的保护，其目的在于确保智力劳动成果所有权人的合法权益得到确实有效的保护，激励更多的人参与科技创新，创造出更多的科技成果。由此可见，知识产权保护对技术创新、企业发展尤为重要，加强知识产权保护是促进企业自主创新、增强企业竞争力、加速技术创新过程、保障技术创新成果的动力。因此，技术创新成果最终都会以知识产

---

[1] 《川藏铁路拉林段桑珠岭隧道贯通》，新华社，https://www.gov.cn/xinwen/2018-01/17/content_5257577.htm，2022年9月6日访问。

[2] 《川藏线上攻克世界级岩爆》，中铁十二局集团有限公司，https://www.sohu.com/a/278309629_664817，2022年12月5日访问。

[3] 郑明辉：《发挥知识产权对技术创新的作用》，载《机械制造》2000年第10期，第7-9页。

权的形式来加以保护，以确保技术创新主体的合法权益得到保障并从技术成果转化中获得应有的经济利益，从而源源不断地投入更多的人力、物力和财力进行更多、更广和更新的技术创新，不断克服雅林铁路建设中遇到的各种技术难题，确保铁路建设安全顺利完成。

知识产权保护有利于促进企业自主创新。创新是现代企业持续发展的原动力，知识产权则通过法律的手段有力保障技术创新，从而激发科技创新活力、推动科技进步。一方面，知识产权制度促进新技术商品化和市场化，这也是技术创新的根本目的。知识产权制度以法律的形式保护技术创新成果所有者，并对其进行奖励，使其将更多的财力和精力投入对创新技术的开发，其后将其辛苦研发的创新技术投入市场，使其占有一方市场，获取丰厚的回报，形成一个创新—获利—再创新—再获利的良性循环，以此激发企业从事技术创新的积极性。另一方面，市场的竞争也主要表现为技术的竞争，知识产权保护能够为创新技术提供有力的法律保障，并赋予技术创新者以自由支配技术的权利，使其在竞争中脱颖而出获得利益，从而不仅提高了企业对自主创新的热情，还保障了市场公平竞争、维护了市场竞争秩序以及推动了可持续发展。雅林铁路建设涉及复杂和系统化的技术创新，需要投入大量的人力、物力和财力，汇集无数的技术创新人才，才能产出更多的一流的雅林铁路建设所需的技术成果。因此为了激励雅林铁路建设中的技术创新，保护技术创新成果人的合法权益和积极性，加强雅林铁路建设中的知识产权保护是必然选择。

雅林铁路建设的各有关单位应不断提高知识产权保护意识，通过知识产权保护来促进更多的技术创新，提升企业的市场竞争能力和优势。企业的竞争表现在产品、质量、价格、服务等方面，改善这些方面，需要企业进行技术创新，从而提升其竞争力，此时知识产权的保护和利用就显得尤为重要了。雅林铁路建设和运营相关企业只有不断研发拥有自主知识产权的技术，依据知识产权法律制度获得知识产权保护，才能依靠其独创性和独占性占领一方市场，才能取得竞争优势，增强企业的竞争力，保障企业的生存与发展以及其在激烈的市场竞争中的地位。此外，知识产权保护以法律的形式为作为创新者的企业提供保护，并且将保护作者权益原则、公平竞争原则等纳入法律的明文规定中，给企业以足够的安全感，促进创新成果向产业转移，让创新技术在市场中得到合理高效地配置，并且促使企业更加重视研发自主创新技术、更多投入技术创新领域。知识产权推动科技创新发展，不断创造更多更具创新性产品。①

知识产权保护确保技术创新的顺利开展，加速技术创新过程。企业技术创新是一个非常复杂的过程，其中最为重要的是技术知识的创造、传递和持续推进，同时，企业技术创新其实就是知识产权价值获取、保护、实现的过程，②只有加强对企业技术创新的知识产权保护和利用，才能使企业技术创新的过程突飞猛进。知识产权保护可使企业通过公告了解新技术的发展，因此不仅可以避免低水平重复研究，而且能够使创新者系统性、连贯性地对某一技术追根究底，真正地推动科学技术的发展。另外，知识产权可以其法律的形式，使企业通过有偿许可使用、转让或引进等途径，直接使用专利技术，为企业创造效益③。因此，雅林铁路各建设单位应当以知识产权保护为后盾，加强技术创新过程中的知识产权确权和保护工作，确保雅林铁路建设中的技术创新过程顺利开展，不断推进创新速度，在较短和有限的时间内，研发出更多高质量的技术成果并获得知识产权，确保雅林铁路建设和运营的顺利进行。

知识产权保护是保护技术创新成果的最佳方法。首先，知识产权推动和保障了企业的自主创新成果。知识产权用法律手段将企业的权益牢牢维护，满足了企业对创新技术独占的需求，由此使得企业放心地利用创新技术去巩固其在龙争虎斗的市场中的地位。反过来讲，正是在知识产权制度的保护之下，企业获得了较高的经济效益和社会效益，从而也使得其更能

---

① 金永祥：《铁路运输企业科技创新知识产权管理研究》，载《中国铁路》2020年第5期，第63-66页。
② 许应楠：《基于知识产权价值的企业技术创新过程综合模型研究》，载《科技管理研究》2014年第22期，第6-9页。
③ 郑明辉：《发挥知识产权对技术创新的作用》，载《机械制造》2000年第10期，第7-9页。

安心定志地投入更多的资金和人力，形成良性循环，促进技术创新的持续发展。其次，知识产权保护创新成果进入社会生活。知识产权通过法律的手段严格维护市场秩序、保障交易公平，从而促使创新技术推动经济发展、改善人民生活、维护社会稳定，让科技创新的效能在政治、经济、文化、社会生活等不同领域得到真正体现。同时，也要以科技创新成果的知识产权保护为契机，学习和传播创新驱动发展理念，树立创新驱动发展的坚定信念，以此实现建设创新型国家的目标。因此，雅林铁路建设单位应当以知识产权的形式来保护自己的创新成果，形成自己的技术核心和市场竞争优势，为雅林铁路建设的顺利完工提高应用的技术保障和技术支撑。国家可以在法律和政策等层面，制定相应的、可行的、特殊的知识产权保护制度，为雅林铁路建设技术创新提供强有力的法律保障。

三、雅林铁路建设技术创新有利于我国知识产权保护制度的发展

雅林铁路建设涉及技术领域之多是任何基础设施建设所不能比拟的，例如，涉及克服崇山峻岭、地形高差、地震频发、复杂地质、季节冻土、山地灾害、高原缺氧以及生态环保等建设技术难题。建设中各技术领域都会产生很多技术成果和知识产权，这为我国知识产权制度的完善与发展提供了很好的机遇。

雅林铁路建设涉及复杂和多领域的技术需求。建设企业为提高其竞争力，最明智的选择便是研发创新技术。而在技术创新的各个阶段和各个环节都有知识产权的参与和产生，技术创新的各个过程都伴随着创造性的智力活动，知识产权贯穿企业技术创新的全过程，因此技术创新是新知识产权的创造活动，是产生知识产权的源泉[①]。 在技术创新的起始阶段，即创新主体对发展前景、技术研发、生产作业等进行初步构思和考量后，投入

---

① 范在峰：《论技术创新对知识产权的影响》，载《知识产权》2003 年第 1 期，第 30-32 页。

大量人力、物力准备进行创新活动。此过程需要搜集大量的信息，进行综合的判断，且可能会形成自主智力成果或商业价值，此时便需要知识产权给予其保护。其后，企业将着手技术创新活动，将研究开发的新技术进行试验，试验成功后便将其运用到生产领域，当新技术、新工艺进入成熟阶段后，企业会将其用于批量化生产，最大化地运用创新技术获得高额利润。在此阶段，创新主体所享有的新技术及其相关资料、商业秘密以及生产销售中的商标等都可能受到不法侵犯，知识产权在此时以法律的形式对创新者予以保护，无疑能为企业增加安全感，保护企业的权利，更有利于企业生存与发展。由此可见，技术创新的过程就是知识产权产生的过程，也就为知识产权制度的丰富和完善提供了源源不断的源泉和动力。

从历史发展来看，知识产权保护制度的产生几乎与近代科学技术兴起同步。技术创新在内容、形式等方面极大地影响了知识产权的进程，知识产权制度在技术创新中发展和完善。另外，高度重视技术创新与知识产权保护制度的相互协调发展，以技术创新为出发点和落脚点，推动知识产权保护法律体系逐步完备，同时知识产权以法律的形式对创新技术进行保护和利用，推动科学技术的发展和进步，从而促进我国经济高质量发展。

雅林铁路建设涉及复杂的地理环境，沿线地质灾害频发。为应对滑坡、泥石流、危岩倒塌等问题，必将产生一系列复杂的技术成果和不同的知识产权，因此保护创新成果的知识产权制度也应当作出相应的调整，以适应技术日益复杂和系统化的需要。过去由于技术的简单和单一化，知识产权保护形式也较为单一，而现在需要将多种保护形式进行结合，这就要求知识产权从单一性向综合性、整体性发展。

就雅林铁路建设和运营的现实需要来看，应将不同形式的知识产权当成一个有机联系的统一整体，打破传统分界线以及知识产权保护的传统观念，全方位地保护雅林铁路建设或运营中产生的技术创新成果。这不但有益于解决新型技术为知识产权保护带来的问题，而且可以使雅林铁路建设相关创新主体获得最佳经济效益和社会效益，激励这些企业不断创新和完善技术，为高质量的雅林铁路建设和运营提供世界一流的技术保障。

四、促进雅林铁路技术创新的知识产权保护措施

（一）完善知识产权法律体系，增强知识产权保护意识

建立完善的知识产权法律体系，是创新驱动发展战略的前提和保障。在雅林铁路的建设过程中，立法机构应当建立完善的知识产权保护制度，以维护创新技术的开发利用和优化配置，进一步使得现有铁路技术在吸收和借鉴发达国家经验的基础上，考虑雅林铁路沿线地形地貌、气候特征等的特殊性，形成"中国制造"的、独立自主的新技术。当然，仅从立法层面进行保护显然是不够的，需要与司法和执法携手，共同脚踏实地地将知识产权保护工作落到实处。加强知识产权法律保护建设，建立一支稳定的、理论上和实务上过得硬的专职队伍，保证知识产权保护机构正常运转。对创新的成果要严格依据知识产权的法规进行申请、登记与公布，并依法严格保护技术创新主体的权益[1]。

通过开展主题宣传、知识产权专题讲座等方式，营造知识产权保护环境和氛围，同时以参加铁路技术装备展等方式，公开宣传自主创新成果[2]。由此使雅林铁路建设企业明晰现有技术，将人力、物力更多投入创新领域，避免低效率的重复研究。另外，发挥知识产权保护制度的奖励功能，鼓励雅林铁路建设单位开发创新、技术引进，将自主研发的新技术申请专利。加大宣传力度，使雅林铁路建设企业了解技术创新的知识产权法律法规，提高知识产权保护意识，并认真落实知识产权保护工作。

（二）提高知识产权质量，制定知识产权战略

企业在建设雅林铁路过程中，由于沿线地理环境的独特性，不能一味地采用或简单组合原有技术，而应利用现有资源，加强核心技术的原创性

---

[1] 雷四兰、钟荣丙：《技术创新中知识产权保护存在的问题和对策》，载《湖南科技学院学报》2005年第10期，第241-216页。

[2] 金永祥：《铁路运输企业科技创新知识产权管理研究》，载《中国铁路》2020年第5期，第63-68页。

开发，创造出科技含量高、具有世界影响力的新型技术，从而提高企业的核心竞争力，缩短我国在铁路技术方面与国际先进水平的差距，甚至是刷新国际纪录。与此同时，知识产权战略是企业提高其竞争力的重要武器。雅林铁路建设企业既应重视创新技术的数量，又应提高自主知识产权的质量，使自身建立知识产权核心优势。另外，雅林铁路建设企业在与其他企业进行技术交流和合作开发研究创新技术的时候，应当严格按照合同法律的相关规定，约定好有关知识产权的归属，避免产生知识产权纠纷。

同时，政府应当引导企业制定知识产权战略，明晰知识产权权利和义务，保护创新智力成果，从而促进企业获得更多利益。雅林铁路建设企业在技术研发阶段充分运用现有知识产权法律法规，进行专利数据库检索，不仅可以了解和掌握相关技术成果的进度，而且可以避免侵犯他人知识产权或自身知识产权被他人所侵犯。与此同时，知识产权保护制度以法律的形式对创新主体的智力成果予以保护，使其能够形成更多高质量的创新技术，同时要求其将自主创新成果向社会公开，以此促进铁路技术创新、科技进步，从而巩固我国的国际地位。

（三）培养创新型人才，完善社会支持体系

创新之道，唯在得人。不仅技术创新领域需要人才，知识产权保护领域同样也需要人才。政府和雅林铁路建设企业应当与各科研院所等建立联系，吸收和培养一大批优秀的科技人才为企业服务，创造出更多更高水平的新兴技术，同时大力发展知识产权教育事业，培养知识产权专门人才，促使两类人才相互交流与融合，从而促进科研工作的展开，提高知识产权战略实施能力，更好地保障企业的知识产权。牢固确立人才引领发展的战略地位，全面聚集人才，着力夯实创新发展人才基础，促使技术创新与知识产权保护协同发展，同时提升雅林铁路建设企业的国际知名度以及我国的国际影响力。

除此之外，技术创新与知识产权保护制度均有赖于良好的外部条件，因此需要同时营造良好的创新环境和知识产权保护环境，使铁路技术和知识产权法律法规均与国际社会接轨，促进二者同步发展。当然，各铁路修建企业之间应当保持友好合作关系，良性竞争，相互尊重对方知识产权，互不侵犯，共同促进科技进步。同时政府应当加快建立国家知识产权信息系统，构建知识产权保护信息平台，使铁路企业和个人能便利获取知识产权保护的相关信息和知识，从而更好地指导铁路企业技术创新活动并对其成果进行有效保护[①]。

五、结论

雅林铁路各建设单位在面对雅林铁路沿线复杂的地形地貌和特殊的气候特征时，应当利用现有技术资源，加强新的技术创新，开发研究核心技术，为雅林铁路高质量建设和顺利完工提供可靠的技术保障。同时，雅林铁路建设各单位在技术创新和建设运营中应当完善企业知识产权保护制度，提高知识产权保护意识，制定有效的技术创新和知识产权战略，引进和培养更多的创新人才，实时用知识产权法律制度保护自身的创新成果，提高企业竞争优势和竞争能力。与此同时，我国的知识产权制度也应当以雅林铁路建设为契机，以建设中产生的各种复杂和系统化的技术成果和知识产权为基础，不断完善。最后，为促进雅林铁路技术创新的知识产权保护，政府应当健全知识产权法律体系，引导铁路企业制定知识产权战略，配合企业大力培养创新型人才，营造良好外部环境；社会大众也应当增强知识产权保护意识；同时企业应当加强知识产权意识培养，提高知识产权质量，合理利用知识产权保护其创新智力成果。只有这样，才能为雅林铁路早日顺利竣工提供技术和制度保障。

---

① 雷四兰、钟荣丙：《技术创新中知识产权保护存在的问题和对策》，载《湖南科技学院学报》2005年第10期，第214-216页。

专题九：
高山高原铁路建设劳务派遣用工法律风险防范体系构建[*]

高山高原铁路的建设主要集中在我国西部地区，铁路所穿越的地区往往地形复杂、沟壑纵横、高差极大，而且区域溶洞、冻土等不良地质发育，区域内地应力作用活跃，地震、滑坡、泥石流等地质灾害活跃，地质条件十分复杂；同时，强风、暴雨、冰冻等极端气象活动频繁，区域气象差异极大[①]。基于复杂的自然环境背景，高山高原铁路建设所涉工作面极其广泛，对各类人员的需求量十分庞大。出于管理、效率、成本、效益、专业性等各方面原因，高山高原铁路建设在用工形式上需要更多的灵活性，诸多方面都需要源源不断的人力支持，劳务派遣这一用工形式受到参与高山高原铁路建设单位的关注与青睐。

一、高山高原铁路建设中存在劳务派遣用工的原因分析

劳务派遣是由派遣机构与派遣员工签订合同，然后向用工单位派出该员工，使其在用工单位的工作场所内劳动，接受用工单位的指挥、监督，以完成劳动力与生产资料相结合的一种特殊用工方式[②]。参与高山高原铁路建设的主力军是国有企业。根据全国总工会研究室企业职工劳动经济权

---

[*] 本部分内容由西南交通大学公共管理学院法学系副教授杨成良和西南交通大学公共管理学院法学硕士研究生饶也撰写。
[①] 罗辉：《川藏铁路建设的挑战与铁路建设的创新》，载《"川藏铁路建设的挑战与对策"2016学术交流会》。
[②] 董保华：《论劳务派遣立法中的思维定势》，载《苏州大学学报》2013年第3期，第50页。

益实现状况及思想动态调查测算，截至 2017 年，全国企业劳务派遣工占企业职工总数的 13.1%，约 3 700 万人。劳务派遣工占职工总数比例较高的行业是建筑业，信息传输、计算机服务和软件业，电力、燃气的生产和供应业等行业，分别为 36.2%、17.9%和 15.3%。国有企业使用劳务派遣工的数量最多，占国有企业职工总数的 16.2%；其次是外商和港澳台投资企业，占 14.0%。[①]上述针对劳务派遣市场的统计中，建筑业使用劳务派遣工的占比最高，同时国有企业使用劳务派遣工的数量最多。在这两个条件均涉及的情况下，高山高原铁路建设一线中存在着较多的劳务派遣工应并非罕见现象。客观而言，劳务派遣是因灵活的用工需求而产生的，相较于传统的一般用工形式，其具有一定的天然优势。

1. 提高用工效率，降低用人成本

由于劳务派遣的特殊用工方式，劳务派遣单位负责前期的招聘等工作，直接向实际的用工单位派遣合适的劳动者，用工单位能够在较短时间内接收到合适的劳务派遣工并直接上岗。

2. 降低用工单位的用工风险

劳务派遣方式中存在三方法律关系，若出现劳动纠纷，劳务派遣单位当然无法独善其身，应当出面调解，并依据法律规定承担相应的责任，劳务派遣单位在劳动者与用工单位之间可以起到缓冲作用。

3. 劳务派遣用工方式灵活，可优化人力资源配置

劳务派遣用工方式有利于分散用工企业的用工风险，降低用工成本，提高企业运营效率。根据市场需求，灵活配置就业人员，实现用工企业人力资源的合理配置，用工企业能够实现价值最大化，劳动者也能够享受到更加自主的工作与生活。

---

① 参见《2017—2023 年中国劳务派遣市场现状调研分析及发展前景报告》，载中国市场调研在线，http://www.cninfo360.com/yjbg/qthy/qt/20170226/528284.html，2022 年 6 月 7 日访问。

劳务派遣用工所具有的制度优势与高山高原铁路建设的现实需求充分契合，这是高山高原铁路建设中存在大量劳务派遣用工的重要原因。首先，劳务派遣能够提高用工效率，保障人员供给充足。由于高山高原铁路建设周期长，加之当地特殊的气候、环境，以及交通不便等多种因素，劳务派遣一方面能够缩减前期招聘、筛选的流程，从而节省时间；另一方面可以避免出现部分在岗劳动者患病或身体不适时无人补充替代等意外情形，保证有充足的人员可以及时补充到位。其次，劳务派遣可以降低高山高原铁路建设中参与单位的用工风险。特殊的气候环境下用人单位与劳动者产生争议在所难免，而劳务派遣单位处于劳动者与用工单位之间，能在一定程度上缓解矛盾并斡旋调节，有利于顺利并公平地解决争议。最后，劳务派遣所具备的灵活性，符合高山高原铁路的建设需要。高山高原铁路建设过程中会经常使用适用于高原地区的工程设备，这些设备在平原地区较少使用，因而参与建设的单位鲜有在日常工作中配备专门的从业人员。劳务派遣恰好能解决这一问题，使公司有效地节约人力成本，从而优化人力资源配置。

二、高山高原铁路建设中劳务派遣用工的法律风险

劳务派遣用工在给高山高原铁路建设带来便利的同时，也带来了一定的法律风险。与建设工程合同纠纷涉案标的额大、牵扯范围广、案情较为复杂等特点不同，劳务派遣相关纠纷可能仅涉及个人、标的额不大，但处理起来却需要投入专门的人力、财力，处理不当又易引发群体性事件，存在最终无法取得理想结果的可能。因此剖析劳务派遣用工的法律风险十分有必要，加之高山高原铁路建设特殊的地理环境背景，其劳务派遣用工也会产生特殊的法律风险。

（一）不符合劳务派遣用工实质要件的法律风险

从劳务派遣用工的实质要件出发，主要法律风险集中在以下两点。

1. 使用范围

我国劳动法、合同法及相关实施条例等法律、法规，都明确规定了劳务派遣只能在临时性、辅助性、替代性（以下简称"三性"）岗位上实施，2014年1月24日人力资源和社会保障部颁布的，于2014年3月1日实施的《劳务派遣暂行规定》对"三性"进行了细化，第三条第二款规定："前款规定的临时性工作岗位是指存续时间不超过6个月的岗位；辅助性工作岗位是指为主营业务岗位提供服务的非主营业务岗位；替代性工作岗位是指用工单位的劳动者因脱产学习、休假等原因无法工作的一定期间内，可以由其他劳动者替代工作的岗位。"

笔者以"劳务派遣""事实劳动关系""违反三性""判决书"等关键词检索相关案例，[①]发现司法实务在审判中倾向于将劳务派遣资质、是否符合劳务派遣"三性"认定为行政管理性规范，即在行政管理中使用，并以此作为是否对用工单位、用人单位进行行政处罚的依据。而在民事审判领域，违反"劳务派遣三性"并不必然导致劳务派遣协议无效。

在高山高原铁路建设中，如果用工单位和劳务派遣单位之间约定不明，违反"三性"的规定，可能会被行政处罚，给被派遣劳动者造成损害的，还要依法承担赔偿责任。

2. 使用比例

《劳务派遣暂行规定》第四条第一款规定："用工单位应当严格控制劳务派遣用工数量，使用的被派遣劳动者数量不得超过其用工总量的10%。"如果超过这个比例，《中华人民共和国劳动合同法》第九十二条第二款规定："劳务派遣单位、用工单位违反本法有关劳务派遣规定的，由劳动行政部门责令限期改正；逾期不改正的，以每人五千元以上一万元以下的标准处

---

① 参见山西省长治市中级人民法院（2017）晋04民终2704号民事判决书、山西省长治市中级人民法院（2017）晋04民终2633号民事判决书、江苏省徐州市中级人民法院（2017）苏03民终6802号民事判决书、河南省焦作市中级人民法院（2016）豫08民终808号民事判决书、北京市第二中级人民法院（2019）京02民终10590号民事判决书等。

以罚款，对劳务派遣单位，吊销其劳务派遣业务经营许可证。用工单位给被派遣劳动者造成损害的，劳务派遣单位与用工单位承担连带着赔偿责任。"由于高山高原铁路工程量巨大，用工人数众多，一旦超过规定的比例，有面临行政处罚的法律风险。

（二）被认定为与劳务派遣工形成事实劳动关系的法律风险

1. 劳务派遣单位主体资格问题

劳务派遣单位是签订劳务派遣协议的相对方，除了要满足《中华人民共和国民法典》规定的民事权利能力和民事行为能力外，还要符合《中华人民共和国劳动合同法》第五十七条对劳务派遣单位设立的有关规定，例如注册资本不得少于人民币二百万元、对劳务派遣单位实施行政许可等要求。如果未取得行政许可而从事劳务派遣业务，除该机构本身违法外，接受劳务派遣单位也将面临法律风险。

风险主要表现在：如果劳务派遣单位设立不符合法律规定，缺乏相应的资质从事劳务派遣业务，那么可能被视为劳动者是通过职业中介介绍，向用人单位提供劳动服务。在出现劳动纠纷时，有可能被确认为事实劳动关系而不是劳务关系，从而用人单位面临被监管部门行政处罚和向劳动者支付经济补偿的风险。

2. 劳务派遣协议或劳动合同的签订及衔接问题

在劳务派遣运行中涉及三个主体、三种关系。三个主体分别是劳务派遣单位、劳务用工单位和劳务派遣工（劳动者）。现行法律法规对三方的法律关系并没有明确规定，学界对此也存在不同观点，例如王全兴教授主张一重劳动关系双层运行说，[1]董保华教授主张双重特殊劳动关系说，[2]笔者

---

[1] 参见王全兴、侯玲玲：《劳动关系双层的法律思考》，载《中国劳动》2004年第4期，第5页。
[2] 参见董保华：《论非标准劳动关系》，载《学术研究》2008年第7期，第50-57页。

赞成一重劳动关系双层运行说。根据《中华人民共和国劳动合同法》第五十八条可知，劳务派遣单位与被派遣劳动者之间基于签订劳动合同而形成劳动关系；第五十九条可知，劳务派遣单位与用工单位之间签订劳务派遣协议。该协议形成的应是一种民事合同关系，双方是平等的主体，任何一方不存在被管理的情形而被派遣劳动者为用工单位提供劳动服务，本文认为形成劳务合同关系（见图9-1）。

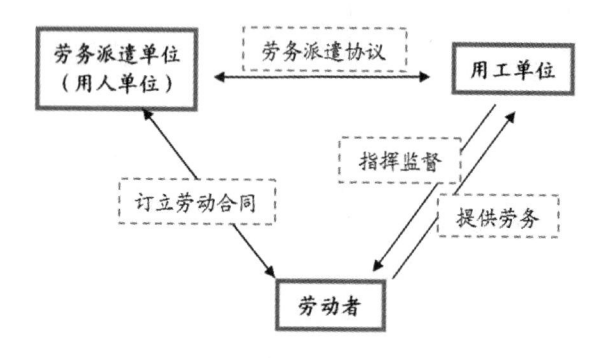

图 9-1　劳务派遣运作中的三个主体、三种关系

在完整的劳务派遣运作中三种关系先后发生，一旦颠倒顺序，就易出现法律风险。特别是用工单位在接受被派遣劳动者前，需核实劳务派遣单位与被派遣劳动者是否签订了劳动合同。如果用工单位使用未与劳务派遣单位签订劳动合同的劳动者，将可能视为与劳动者建立劳动关系，并要求补订劳动合同，承担劳务派遣单位应承担的法律责任[1]。同时，如果用工单位与劳务派遣单位之间签订的劳务派遣协议到期后，未及时续签或者未终止使用并退回劳务派遣工，而是继续使用同一劳务派遣工的，也存在被认定为该劳动者与用工单位形成事实劳动关系的法律风险。

3. 超过法定用工比例限制或长期使用同一劳务派遣工

如果用工单位对劳务派遣工的使用超过《劳务派遣暂行规定》规定的

---

[1] 刘德柱:《劳务派遣用工法律风险初探》，载《法制博览（中旬刊）》2014年第1期，第201页。

10%比例限制,那么对于超过比例部分的劳务派遣工,可能存在被认定为与之建立劳动关系的法律风险。①

基于上述法律风险,需要厘清的问题是,用工单位与劳务派遣单位究竟需要承担什么样的责任。2013 年 7 月 1 日起施行的《中华人民共和国劳动合同法》规定用工单位给被派遣劳动者造成损害的,劳务派遣单位与用工单位承担连带赔偿责任。此条多理解为用工单位给派遣劳动者造成损害时,由用工单位承担责任,劳务派遣单位承担连带责任;反之,由劳务派遣单位承担责任时,用工单位不承担连带责任。由此,审判实践中就劳务派遣的连带责任把握不一,相应地对法律责任的承担主体也有不同理解。

根据《中华人民共和国劳动合同法》第五十八条、第六十二条,《劳务派遣暂行规定》第十条等相关规定,连带责任承担主体如图 9-2 所示:

连带责任主体梳理	工资支付	劳动报酬	劳务派遣单位承担法律责任,用工单位无需承担连带责任
		加班费、绩效奖金、福利待遇	用工单位承担法律责任,劳务派遣单位承担连带责任
	工伤		劳务派遣单位承担法律责任,用工单位无需承担连带责任

图 9-2 劳务派遣运作中连带责任承担

换言之,如果用工单位与劳务派遣工形成事实劳动关系,除相应工资支付外,也要承担工伤赔偿责任。高山高原铁路建设地理气候环境复杂,一旦发生意外,用工单位将会承担应由劳务派遣单位承担的工伤责任以及基于劳动关系而产生的其他责任。

(三) 特殊的法律风险

1. 用工单位对职业病的防治

参加高山高原铁路建设施工人员的原工作地点可能多为平原地区,高山高原铁路建设期间职业病危害因素众多,进行职业病防治和高原病防治尤为重要。根据《劳务派遣暂行规定》的规定,用工单位应当负责处理职

---

① 参见杨跃明、刘奎强、应丹琳、卢新、邓佳:《油气企业劳务派遣用工的法律风险及防控》,载《天然气工业》2014 年第 34 卷第 11 期。

业病诊断、鉴定事宜和提供相关资料，劳务派遣单位应当提供被派遣劳动者职业病诊断、鉴定所需的其他材料，不过其并未明确规定劳务派遣中用工单位需要承担职业病引起的相关责任。职业病的追责一般建立在劳动关系基础之上，由于劳务派遣工与劳务派遣单位建立的是劳动关系，职业病防治的责任主体应当是劳务派遣单位。但劳务派遣用工典型的特征之一就是劳动力的聘用与使用相分离，即"用人不管人，管人不用人"。如果发生劳务派遣工大规模的患职业病等情形，不排除劳务派遣工向用工单位主张人身侵权责任等法律风险。

2. 跨地区的劳务派遣相关问题

这包含两个方面的问题：一是关于劳动报酬。《中华人民共和国劳动合同法》第六十一条规定："劳务派遣单位跨地区派遣劳动者的，被派遣劳动者享有的劳动报酬和劳动条件，按照用工单位所在地的标准执行。"该规定明确了同工同酬，劳务派遣工可要求用工单位业依据"同工同酬"享受待遇，相关行政主管部门也可能因用工单位存在"同工不同酬"现象而施以处罚。二是关于社会保险。《劳务派遣暂行规定》第十八条规定："劳务派遣单位跨地区派遣劳动者的，应当在用工单位所在地为被派遣劳动者参加社会保险，按照用工单位所在地的规定缴纳社会保险费，被派遣劳动者按照国家规定享受社会保险待遇。"用工单位负有缴纳社会保险的义务，否则会产生民事责任以及行政责任。

3. 用工单位内部施工主体使用劳务派遣工的权限

高山高原铁路建设的承包单位（即用工单位）大多是大型的国有企业或中央企业，其下一般设有分公司，或者针对该建设项目组成特定的项目部，存在由分公司或者项目部直接实际施工的情形。如果该情形存在，那么分公司或者项目部成为劳务派遣工的实际管理人。从法律的角度来看，无论是分公司还是项目部，都不具备独立的法人资格，相应的责任应当由承包单位承担。所以，实际管理人对劳务派遣工的安排，将视为用工单位的行为，因此规范用工单位内部施工主体使用劳务派遣工的权限十分有必要，否则即便其用工行为违背用工单位的本意，用工单位也要继续履行或者承担相应的法律责任。

总而言之，上述法律风险，既可能源于劳务派遣用工这一形式本身，也可能源于高山高原铁路建设过程中的特殊性。但事实上，现实情况呈动态发展才是常态，法律风险也会不断变化。普通民众心中常存在的一个朴素的价值判断是，劳动者既然在用工单位受到伤害，那么无论如何用工单位都无法逃脱责任，应该进行赔偿。同时劳动者本身与劳务派遣单位存在千丝万缕的关系，出于今后工作谋生等多方面考虑，劳动者将责任直接归于用工单位的可能性很大，因此有必要建立一套防范劳务派遣用工法律风险的体系。

三、构建防范劳务派遣用工法律风险体系

如前所述，防范劳务派遣用工的法律风险不能针对要点。鉴于高山高原铁路建设里程、建设周期一般较长，劳务派遣用工将会长时间、广泛地存在高山高原铁路建设中。因此，构建一套较为全面的防范劳务派遣用工法律风险的体系，才能更加有效地发挥劳务派遣用工的作用。该体系的目标是确保劳务派遣用工符合法律规定，与劳务派遣单位的权责清晰，保障劳务派遣工的权益，最大程度避免产生纠纷；一旦发生纠纷，能够迅速化解，使各方得到妥善安置。基本构建的思路如下：确立劳务派遣用工管理日常规范+合同签订环节法律风险防控的具体要点。其中，前者仅针对用工单位内部专门负责该项事务的工作人员，从日常管理中降低劳务派遣用工法律风险；后者是落实每一份具体合同的审查，从合同签订环节即从源头处，尽可能降低发生纠纷的概率。两者相辅相成，各自包含内容环环相扣并互相影响，而最终日常管理的情况可以通过具体合同的履行表现出来。

（一）建立劳务派遣用工管理日常规范

1. 依法建立明确的辅助性岗位种类目录

根据《劳务派遣暂行规定》第三条第三款的规定："用工单位决定使用被派遣劳动者的辅助性岗位，应当经职工代表大会或者全体职工讨论，提出方案和意见，与工会或者职工代表平等协商确定，并在用工单位内公示。"建议用工单位明确高山高原铁路建设工作范围内的主营业务岗位与非主营业务岗位，确定辅助性工种（岗位）目录，与工会或者职工代表（职工大会）平等协商，制定内部相关的规范性文件，并在内部公示，进而在程序和具体工作上，确定临时性、辅助性和替代性岗位的具体含义，划定辅助性工作岗位的种类，明确上述岗位的具体工作细则以及注意事项。这样既能有效避免岗位分工不明的问题，又可以避免用工单位不必要的法律责任风险，也能杜绝滥用劳务派遣工行为，保障劳务派遣员工的合法权益[1]。

2. 定期自查常态化

从计划劳务派遣用工总量到实际招入，把握用工总人数，避免超过法定比例。同时建立完整的花名册，并且附上劳动合同、劳务协议等签订生效时间。要求劳务派遣工提供本人与劳务派遣单位签订的劳动合同照片或扫描件，与劳务合同一起进行扫描存档。如果劳动合同存续期间短于劳务派遣协议存续期间，利用现代电子信息技术等方式，对临近期限的协议系统发出提醒，以便用工单位及时向劳务派遣单位了解情况，确定双方是否续签劳动合同，或者是否解除劳动关系等，视情况采取下一步措施。

3. 建立劳务派遣公司名册

在选择劳务派遣单位时，应当对该单位有一个较为全面的了解，包括但不限于其资质、注册资本、是否取得行政许可等方面，同时也可以考虑业内对其评价等多方面因素。对于合作前资质信誉良好且在合作中劳务派

---

[1] 王长新：《铁路劳务派遣用工的法律风险探讨》，载《郑州铁路职业技术学院学报》2015年，第27卷第4期，第123页。

遣工水平高、各方工作进展顺利的劳务派遣单位，可以考虑列入用工单位的内部名册，成为今后业务的优先考虑对象；当然，也可根据后期情况决定是否继续保留。

4. 建立和完善预防职业病等卫生保障措施制度

根据《中华人民共和国职业病防治法》的规定，用人单位是职业病防治的责任主体，并对本单位产生的职业病危害承担责任。实际上劳务派遣工在用工单位开展工作，虽然用工单位不承担因职业病危害产生的责任，但是并不意味着不承担其他相关责任。由于高山高原铁路建设特殊的地理环境，用工单位在引入劳务派遣工时应尽到告知其风险的义务，进行严格的体检筛查，安排上岗前的职业卫生培训和在岗期间的定期职业卫生培训。同时应当制定职业病危害防治计划和实施方案，建立、健全职业卫生管理制度和操作规程，完善职业危害应急预案和岗位应急处置方案。以上内容单独形成相应的规章制度以及操作流程为宜，同时在举办各项培训时应当注意影视资料的留存、内部新闻的报道等，以便于证明用工单位在预防劳务派遣工职业病一事上已经履责。

（二）合同签订环节法律风险防控的具体要点

首先应注重区分劳务派遣工、劳务派遣单位、用工单位的主体地位及相应的权利义务，区分不同法律关系下的责任界定，在承担主体上厘清劳务派遣单位与用工单位的法律责任，有序规范劳务派遣用工，充分发挥劳务派遣用工的作用，维护被派遣劳动者的合法权益。

在签订劳务派遣协议时，把握总体思路：一是劳务派遣协议内容是否权责明晰；二是在劳务派遣工管理分工上，用工单位只负责劳动过程的管理，劳务派遣单位负责劳务派遣工劳动关系的管理，具体分工可以通过经双方平等协商签订的劳务派遣协议确定；三是要约定明确、具体、完备、详细的劳务派遣合同内容。总之，一份权责明晰、条款完备的劳务派遣协议，可以最大限度地降低各方的法律责任风险。

具体而言，第一，需明确构成的是劳务派遣法律关系，而非劳务外包关系、人事代理关系等较易混淆的法律关系。劳动力的雇佣与使用相分离是劳务派遣法律关系区别于其他法律关系的本质特征，因此合同名称上必须明确是劳务派遣合同。

第二，关于劳务派遣合同履行中的法律责任，应注意以下几点：一是明确承担不同法律责任的当事人。二是对于是否应当承担连带责任，主要看有无相应法律规定以及是否符合承担连带责任的条件。三是双方当事人就法律责任承担另有约定的，注意不得对抗第三方当事人。尤其是劳务派遣工在用工单位因工作遭受事故伤害时，由劳务派遣单位申请工伤认定，用工单位协助工伤认定的调查核实工作，劳务派遣单位承担工伤保险责任，劳务派遣单位可以与用工单位约定协商补偿办法，但双方协商结果不得对抗劳务派遣工。

第三，如果劳务派遣工被退回，应注意以下几点：一是注意区分退回主体与解除主体，用工单位与劳动者不存在劳动关系，用工单位不能直接与劳动者解除劳动合同，而需将劳动者退回劳务派遣单位。二是综合分析用工单位退回被派遣劳动者依据是否充分。根据《劳务派遣暂行规定》第十二条、《中华人民共和国劳动合同法》第六十五条的规定，具备用工单位客观经营情况、劳务派遣协议期满终止或劳动者不符合录用条件、严重违纪违法、不能胜任工作等情形的，法院可以认定用工单位退回依据充分。用工单位未依照上述规定退回的，一般视为退回依据不充分。在审判中，法院也会着重审查用工单位退回依据是否充分。

另外，用工单位在劳务派遣合同履行前，最好能让劳动者自书一份明确自己工作关系的书面声明，以此达到进一步明确各方关系的目的；也可以让劳动者签署一份承诺函，表示其明确知晓各方权利义务关系，知晓并理解劳务派遣协议内容，等等。实际操作中，有的单位会与劳务派遣工单独签订劳务合同或者其他书面协议等。不过总体而言，最终的责任承担都集中体现在劳务派遣协议的约定上。

在合同有效履行期间，做好各方合同履行相关证据的收集工作，也是规避劳务派遣工作法律责任风险的有效方法。用工单位应注意对劳务派遣单位履行合同的情况进行监督。如前所述，要收集整理劳务派遣单位与劳务派遣工的劳动合同文本及该合同履行情况，收集劳务派遣单位对被派遣人员的医保、养老、失业等保险基金的缴费情况信息。这些不仅能够反映出劳务派遣单位的履约能力和信誉情况，而且能反映劳务派遣单位的经营状况。同时要保存好用工单位与劳务派遣单位、劳务派遣工三方有关的合同、会议纪要、来往信函，包括职工大会等会议的相关材料及宣传资料，编辑整理好相关规章制度和宣传传阅记录等。总之，在劳务合同履行过程中，不经意的细微信息都有可能成为纠纷胜败的关键。

四、结语

川藏铁路对维护国家统一、促进民族团结、巩固边疆稳定，对推动西部地区经济社会发展，具有十分重要的意义；将构成中国西部开发的战略通道，成为保卫中国西部安全的坚强臂膀。用工单位和劳务派遣工作为高山高原铁路建设的参与者和一线建设者，一起携手并肩、攻艰克难，坚实的法律保障能够有效保护各方主体的权益，保证铁路建设的顺利推进。

第三篇 国际铁路法治问题

专题十：
全球交通命运共同体视域下国际陆海贸易新通道多式联运规则的构建*

当今世界正经历百年未有之大变局，交通运输对于加强国家间的互联互通日益重要。中国积极参与全球治理体系改革与建设，坚定维护以国际法为基础的国际秩序。①作为负责任的大国，中国于 2020 年 12 月发布《中国交通的可持续发展》白皮书，提出构建全球交通命运共同体，同年，中国与湄公河国家共同发表《澜沧江-湄公河合作第三次领导人会议关于澜湄合作与"国际陆海贸易新通道"对接合作的共同主席声明》(以下简称《合作声明》)。国际陆海贸易新通道多式联运对于畅通澜-湄域内贸易，提升区域供应链水平和构建全球交通命运共同体意义重大。作为全球交通命运共同体全球治理与国际法治的最新探索，国际陆海贸易新通道多式联运规则的构建成为亟需研究的新课题。该新课题内容包括但不限于全球交通命运共同体的基本内涵与内在逻辑，国际陆海贸易新通道多式联运规则对于全球交通命运共同体的意义，规则的主导性与国际公共产品供给的关系，国际陆海贸易新通道多式联运规则的软硬法识别标准以及软法"硬化"的条件，国际陆海贸易新通道多式联运规则的构建路径，等等。下文将对上述问题予以分析。

---

* 本部分内容由重庆大学法学院教授曾文革和重庆大学法学院博士研究生张宗师撰写。

一、全球交通命运共同体的基本内涵与内在逻辑

准确把握人类命运共同体思想的国际法内涵，积极探索在全球治理各具体领域融入人类命运共同体思想，既是推进新时代中国特色大国外交的必然要求，也是中国国际法学界的共同使命。[①]事实上，全球交通命运共同体理念与精神在联合国等国际组织的会议和文件中亦有所体现。[②]具体而言，全球交通命运共同体以共商为前提，共建为途径，共享为目标，多元化争端解决和预防机制为保障。

第一，共商要求遵循和平共处五项原则。世界各国都是交通运输的平等参与者，加强运输方式、绿色低碳和过境运输通道合作，促进交通运输的可持续发展。尊重过境国的国家主权，协调好请求国过境自由与过境国国家主权的关系。应以和平而非武力胁迫的方式解决国际运输的纠纷，保障最不发达运输国家的发言权、代表权和表决权，尊重其真实意愿和国家利益，援助最不发达国家兴建交通运输基础设施。缓解请求国与过境国、托运人与承运人的对立与矛盾，打破国际运输规则碎片化与冲突化，逐步形成统一的全球运输规则，推动国内运输法治与国际运输法治的衔接与互动，实现交通运输的国际法治与全球治理。

第二，共建要求坚持共同但有区别责任原则。根据参与国的自身能力进行义务、责任和角色的分配，主导国应加强国际公共产品的供给，牵头起草与修订国际运输规则，参与国积极响应与参与，并推动国内运输法与

---

① 参见"人类命运共同体与国际法"课题组：《人类命运共同体的国际法构建》，载《武大国际法评论》2019年第1期，第1-28页。
② 例如以"加强所有运输方式之间的联系，实现可持续发展的目标"主题的联合国第七十二届会议；以"过境运输通道促进国际合作、稳定和可持续发展"为内容的《阿什哈巴德宣言》；以"亚洲及太平洋可持续交通运输互联互通"为主题的部长级宣言；以"迎接可持续内陆交通运输和出行新时代"为主题的部长级宣言；以"改善全球道路安全"为内容的《2011—2020道路安全行动十年全球计划》；以"建立内陆发展中国家高效过境运输系统"为内容的《阿拉木图宣言》《维也纳宣言》和《内陆发展中国家2014—2024十年维也纳行动纲领》；以"支持最不发达国家兴建和维护多式联运基础设施"为内容的《2011—2020十年期支援最不发达国家行动纲领》。

国际规则的衔接。为防止主导国据此实施权力垄断和损害他国，各参与国有权对其进行监督，而共建措施能否共享是监督主导者的核心标准。此外，共建内容包括"硬件"和"软件"两个方面。前者囊括各国家和地区的口岸、通道、港口等国际运输的基础设施，例如亚洲基础设施投资银行对西部陆海新通道多式联运基础设施建设发放贷款等，后者涵盖促进国际通关、换装、多式联运有机衔接等运输规则制度，例如中国参照海运提单创制铁路提单并赋予物权属性，开展信用证、托收、进口押汇等金融业务。[①]

第三，共享要求遵循以硬为主且软硬兼治原则。一方面，明确硬法与软法的识别标准，软法与硬法相结合以促进共享。硬法规定各国已达成共识的和关系当事人权利义务的核心内容，例如托运人和多式联运承运人责任、免责事由、赔偿责任限额等。软法规定各国存在巨大分歧的和侧重于程序性事项的非核心内容，例如运输便利化措施等。另一方面，明确软法向硬法转化的条件，并适时推动软法"硬化"。软法"硬化"并非取决于主导者，而是需满足相应条件，例如相关措施的常态化，符合各国整体利益、各国的真实意愿且取得共识。此外，转化的表现形式为通过修订国际运输公约，增加该相关条款，使之明确化和成文化。通过以硬为主且软硬兼治实现全球交通命运共同体成果由各国共享，实现互利共赢而非胜者通吃的局面。

第四，多元化的争端解决和预防机制要求遵循预防为主且防治结合原则。与争端解决机制相比，争端预防机制不但经济成本低，而且避免了复杂的索赔程序，还可以维护运输企业商业信誉。然而，单一机制难以维护全球交通运输秩序，不利于全球交通命运共同体的构建。因此，应当构建多元化的争端预防和解决机制，多元化的争端解决机制应包含和解、调解、仲裁、诉讼等，给予国际运输争端当事方以充分的选择权，以保障其合法权益。而争端预防机制则通过对大量国际运输争端案例的收集和分析，定

[①] 参见杨临萍：《"一带一路"背景下铁路提单与铁路运单的协同创新机制》，载《中国法学》2019 年第 6 期，第 66-85 页。

期发布多式联运风险防范指导手册。

二、国际陆海贸易新通道多式联运规则对构建全球交通命运共同体的意义

国际陆海贸易新通道多式联运是指多式联运经营人按照多式联运合同,通过铁海联运的方式将货物从国际陆海贸易新通道沿线的一国境内接管地点运至国际陆海贸易新通道沿线的另一国境内指定交付地点。与传统的多式联运相比,国际陆海贸易新通道多式联运具有以下特点:第一,运输方式为铁海联运。运输常态化和物流组织形式是多式联运的判断标准,目前国际陆海贸易新通道的铁海联运班列、国际铁路联运和跨境公路班车等三种物流组织形式已实现常态化运营,因此,国际陆海贸易新通道多式联运比传统多式联运范围小,仅包含铁海联运。第二,运输规则呈现碎片化。既不同于全球性多式联运规则,也区别于区域性多式联运规则,国际陆海贸易新通道多式联运至今尚未起草编纂专门且统一的国际规则,而是由当事人选择适用《东盟多式联运框架协议》[①]《国际贸易术语解释通则（2020）》(以下简称《术语通则》)等多式联运规则。第三,运输线路为"一带一路"的"一路"。国际陆海贸易新通道多式联运起始于中国西部地区,途径东南亚、抵达欧洲。与传统多式联运相比,其运输距离远、时间长且风险大。第四,推动方式为"自上而下"。与传统多式联运的民间自发性不同,国际陆海贸易新通道多式联运源于中新（重庆）战略性互联互通示范项目,并上升为国家战略且被赋予新的内涵,"统筹陆上与海上通道发展,大力推进联程联运""加强国际运输规则衔接,推动与东盟国际货物'一站式'运输"。国际陆海贸易新通道多式联运凭借运量大、安全性高和成本

---

① 《东盟多式联运框架协议》包含11章共计42条,内容涵盖定义、适用范围、多式联运单据、多式联运经营人责任、多式联运经营人责任限制、托运人责任、通知索赔诉讼时效、管辖与权限、其他规定、最后条款。

低的优势，成为中国西部地区与东南亚、欧洲、非洲物流运输的骨干和国际陆海贸易新通道的重要组成部分。①以中国主导与推动的国际陆海贸易新通道多式联运规则是交通运输领域全球治理与国际法治的最新探索与实践，其对于构建全球交通命运共同体意义重大。

（一）有利于形成中国交通运输国内国际双循环的新格局

毋庸置疑，明确且合理的交通运输战略导向是中国经济长期稳定健康发展的重要保障。中国交通运输战略导向大致经历了以下三个发展阶段：第一，国际海上运输战略导向阶段。改革开放初期，中国起草编纂《海商法》，大力发展国际海上货物运输，鼓励和支持出口贸易。第二，国内铁路运输战略导向阶段。全球金融危机时期，为应对外部风险，先后两次修订《铁路法》，大力发展铁路基建，以扩大国内需求。第三，国际多式联运战略导向阶段。中美经贸摩擦时期，为应对国内外复杂形势，西部陆海新通道上升为国家战略，并纳入"一带一路"倡议，积极修订《海商法》《铁路法》，出台《中国交通的可持续发展》白皮书，积极推动以铁海联运为代表的国际陆海贸易新通道多式联运常态化运行，完善国际陆海贸易新通道多式联运规则，助推以国内大循环为主体、国内国际双循环相互促进的双循环新格局。

（二）符合国际陆海贸易新通道沿线国家的利益与诉求

由于新冠肺炎疫情、英国脱欧和国际陆海贸易新通道等因素，东盟取代欧盟成为中国第一大贸易合作伙伴②。虽然东盟已与中国签署了一系列

---

① 据统计，2020年西部陆海新通道铁海联运班列开行4596列，开行数量超过前三年总和，目的地覆盖新加坡、日本、澳大利亚、德国等90个国家和地区的190个港口。

② 据中国海关统计，2020年第一季度中国与东盟进出口贸易总额为9 913.4亿元，与上一季度相比增长6.1%，欧盟为8 759.3亿元，与上一季度相比下降10.4%。

互联互通的协议,[①]内容较为概括和笼统,缺乏具体可行的措施,且签订时间早于西部陆海新通道开通,但是合作需求明显。东盟内部多式联运协议具有"弱制度性"与"软约束"特点,例如《东盟多式联运框架协议》第41条规定:"应为成员国提供执行本协定的灵活性,若其成员国尚未做好准备,则可以在已批准或接受该协议的两个或更多成员国实施。"而新加坡、马来西亚和文莱至今未批准该协议。2020年8月澜沧江-湄公河合作第三次领导人会议发表的《合作声明》表明东盟希望以此为契机发展区域经贸和物流产业。

（三）推动国际铁路和海上货物运输规则由割裂分离走向对接统一

国际铁路货物运输规则体系内部割裂。现有国际铁路货物运输规则体系是建立在《国际铁路货物运输公约》和《国际铁路货物联运协定》基础上的,而二者在承运人责任、赔偿限额、免责事由、争端解决机制等方面存在巨大分歧,且难以调和。虽然铁路合作组织正在起草编纂《国际铁路直通联运公约》和《国际联运货物运输合同一般规定》,但是二元化模式至今仍未被打破；国际海上货物运输规则体系内部分裂。虽然经《哈特法》《海牙规则》和《维斯比规则》[②]的努力,国际海上货物运输规则达成统一,但是《汉堡规则》和《鹿特丹规则》[③]在一定程度上导致了国际海上货物运输规则体系继续分裂。因此,构建国际陆海贸易新通道多式联运规则对于国际铁路货物运输和国际海上货物运输由割裂分离走向对接统一具有重要意义。

---

① 例如《中国-东盟交通合作备忘录》(2004)、《大湄公河次区域便利客货跨境运输协定》(2005)、《中国-东盟海运协定》(2007)、《中国-东盟海事磋商机制谅解备忘录》(2010)等,其中《中国-东盟交通合作备忘录》(2004)要求中国与东盟应在基础建设合作、运输便利化、信息共享、海事合作、人力资源及航空运输等六个领域重点合作。

② 对应全称为《船只航行、提单及财产运输的某些义务、责任和利益法》《统一提单的若干法律规定的国际公约》《修改统一提单若干法律规定的国际公约议定书》。

③ 对应全称为《1978年联合国海上货物运输公约》《联合国全程或部分海上国际货物运输合同公约》。

（四）为构建全球统一的多式联运规则奠定基础

如果不能妥善处理和协调海运强国与海运弱国、托运人与经营人等各方的利益关系，而多式联运国际规则谈判失利方尝试追求多式联运权利义务再调整和再分配，那么多式联运国际规则会越来越呈现碎片化。[1]事实上，逆全球化是国际社会发展必经的一个阶段，国际社会将逐步从逆全球化过渡到再全球化阶段，国际规则碎片化亦将被国际规则统一化所取代。[2]多式联运国际规则亦是如此。应以国际陆海贸易新通道多式联运为契机，推动多式联运规则从区域化逐步过渡到统一化。坚持共商共建共享原则、和平共处五项原则、共同但有区别责任原则、以硬为主且软硬兼治原则、预防为主且防治结合原则，通过研究国际陆海贸易新通道多式联运经营人责任、免责事由、运输便利化措施、多元化的争端解决与预防机制等核心问题，形成国际陆海贸易新通道多式联运规则，为构建全球统一的多式联运规则奠定基础。

三、国际陆海贸易新通道多式联运规则的构建障碍及成因

全球交通命运共同体以共商为前提，共建为途径，共享为目标，多元化争端解决和预防机制为保障。然而，作为全球交通命运共同体的重要内容，国际陆海贸易新通道多式联运规则存在以下障碍。

（一）共商障碍：规则碎片化与冲突化并存

多式联运规则碎片化是指国际陆海贸易新通道至今尚未形成统一且专门的多式联运规则，呈现出区域性规则、双边条约和国内法并存的状态。

---

[1] 例如安第斯共同体的《多式联运法令》、拉美一体化协会的《国际多式联运的拉美一体化协会协议》、南方共同市场的《南方共同市场关于货物多式联运便利化的部分协议》、欧盟的《欧盟多式联运统一规则（草案）》、东盟的《东盟多式联运框架协议》等。

[2] 参见徐坚：《逆全球化风潮与全球化的转型发展》，载《国际问题研究》2017年第3期，第1-15页。

其主要表现为《东盟多式联运框架协议》《欧盟多式联运统一规则（草案）》《中国-东盟多式联运联盟合作备忘录》（以下简称《中国-东盟备忘录》）《新加坡多式联运法案》《中国海商法》等。之所以国际陆海贸易新通道多式联运规则呈现碎片化，是因为：碎片化是国际法的固有缺陷，是由产生和适用国际法的国际社会本身的结构特点决定的。[①] 从国际陆海贸易新通道多式联运路线来看，其起始于中国西部地区，途径东南亚，最终抵达欧洲。国际陆海贸易新通道没有超越国家主权的世界政府，而是由沿线主权国家组成高度分权的平行社会。这种横向式结构使得沿线各主权国家同时承担着规则制定者、执行者和解释者等多重角色，在国家利益至上前提下，必然会发生"自成一派"与碎片化现象；就某种意义而言，规则的碎片化与冲突化存在因果关系。当碎片化规则无法妥善处理与协调多式联运当事人核心利益，则极易引发矛盾与冲突，进而降低运输效率、增加运输成本和破坏国际陆海贸易新通道多式联运秩序。正如格哈德·哈夫纳所言，"适用规则的多样性必然会在所要适用的规则方面引起复杂的争论，不但不能解决冲突，甚至可能会引起更多冲突"。[②] 这一点在责任形式和免责事由方面尤为明显。（参见表10-1）除了规则的碎片化以外，国际陆海贸易新通道多式联运规则冲突化的原因还在于多式联运经营人责任制度须符合运输法律发展现状和货物多式联运自身特性，[③] 而国际陆海贸易新通道多式联运横跨中国、东南亚和欧洲，沿线国家多式联运实践和法律水平不一，难以达成统一，这必然导致以多式联运经营人责任等核心条款的分歧与冲突。此外，国际陆海贸易新通道沿线国家多式联运经营人与托运人话语权不同，国家利益诉求的多元化增加统一的不确定性，这加剧了多式联运规则的冲突化。

---

① 参见古祖雪：《现代国际法的多样化、碎片化与有序化》，载《法学研究》2007年第135-147期，第139页。
② G. Hafner, Risks Ensuring from Fragmentation of International Law, http://www.un.org/law/ilc/reports/2000.
③ 参见胡正良、赵阳：《国际货物多式联运经营人责任制度研究》，载《大连海事大学学报（社会科学版）》2002年第1期，第6-11页。

表 10-1 东盟、欧盟、新加坡、中国关于多式联运经营人责任和免责事由的比较①

依据	多式联运经营人责任形式	免责事由
《东盟多式联运框架协议》	修正的统一责任制	不可抗力、航行过失、火灾、货物包装缺陷、货物固有缺陷、罢工、托运人疏忽
《中国-东盟备忘录》	—	—
《欧盟多式联运统一规则（草案）》	纯粹的统一责任制	无法控制的交货延误和未被告知的危险品
《新加坡多式联运法案》	修正的统一责任制	已采取合理措施、不可抗力、托运人或收货人疏忽、货物包装缺陷、托运人或收货人装卸、货物固有缺陷、罢工、船长疏忽、火灾
《中国海商法》	修正的网状责任制	—

（二）共建障碍：中国主导性尚待加强和沿线国参与度有限

作为国际陆海贸易新通道多式联运的发起者，中国主导性尚待加强。就"硬件"建设而言，中国对国际陆海贸易新通道境外基础设施和物流体系的规划不足。亚洲基础设施投资银行对国际陆海贸易新通道多式联运基础设施建设支持力度不够。就"软件"建设而言，中国尝试参照海运提单创制铁路提单尚未被铁路合作组织等国际组织所采纳，也尚未实现运输实践常态化。《中国-东盟备忘录》以倡议为主，缺乏具体操作性。此外，中国采取嵌入式的多式联运立法模式②，至今尚未起草编纂专门的多式联运

---

① 参见《东盟多式联运框架协议》第12条、第17条，《新加坡多式联运法案》第15条、第19条，《欧盟多式联运统一规则（草案）》第8条，《中华人民共和国海商法》第104条。

② 国际上多式联运立法分为嵌入式、单列式和判例式等三种模式，嵌入式是指没有专门的多式联运法律，而是将多式联运规定在其他法律之中，例如荷兰将多式联运规定在《民法典》之中，德国、韩国、日本将多式联运规定在《商法典》之中；单列式是指制定专门的多式联运法律，例如印度、泰国、巴西、墨西哥均制定了《货物多式联运法》；判例法以美国为代表，事实上，美国与1999年提交《多式联运法案》，但至今未生效。

法，而是将多式联运规定在《中华人民共和国海商法》和《中华人民共和国民法典》之中，内容较简略，缺乏指导性和示范性。在国际陆海贸易新通道多式联运共建中，中国在"硬件"建设和"软件"建设方面提供的国际公共产品较少。历史证明，国际公共产品的供给与主导权存在正相关，主导权与前述共商所强调的平等并不矛盾，关键在于是否能够实现互利共赢，可否达到共享目标。

国际陆海贸易新通道沿线国家参与度有限。无论是澜-湄合作与国际陆海贸易新通道对接合作的共同主席声明，还是中国-东盟多式联运联盟，抑或《中国-东盟备忘录》，均缺乏国际陆海贸易新通道多式联运的实质性内容。例如《中国-东盟备忘录》要求推进框架形成、鼓励洽谈交流、构建商务网络、参与会议论坛等。国际陆海贸易新通道沿线国家参与度有限，原因众多：第一，部分国家受外部国际环境影响[①]立场摇摆不定，参与国际陆海贸易新通道多式联运建设时有所保留；第二，东盟国家在参与国际陆海贸易新通道多式联运建设时存在诸多担忧，例如主权威胁、经济制裁、外交格局、环境威胁、债务陷阱等；[②]第三，澜-湄地区现有机制"过剩"[③]，与国际陆海贸易新通道多式联运对接与合作困难。

（三）共享障碍：软硬法识别分歧和国际硬法"软化"

与多式联运经营人责任形式和免责事由等核心内容相比，多式联运便利化措施等因涉及利益相对较少，易于协调与平衡当事人的权利义务，逐

---

① Keokam Kraisoraphong, "China, Japan, and the Greater Mekong Basin: A Southeast Asian Perspective," *China-Japan Relations in the 21 Century*, September 2017, pp.155-183.
② 参见杨悦、李福建：《东盟学者眼中的"一带一路"》，载《世界知识》2019年第10期，第36-37页。
③ 例如"湄公河-印度经济走廊项目""韩国与湄公河合作外长会议机制""日本与湄公河首脑会议机制""多瑙河-湄公河合作机制""大湄公河次区域合作机制"等。参见王睿：《澜湄合作与"国际陆海贸易新通道"对接：基础、挑战与路径》，载《国际问题研究》2020年第6期，第115-132页。

渐成为国际组织的关注热点和改革重点。[①]然而,对多式联运便利化措施的软硬法识别存在分歧,联合国、国际商会和世界海关组织均认为多式联运便利化措施是一种权利,《多式联运单证规则》和《术语通则》由当事人自由合意选择,而非强制适用;而世界贸易组织则主张《贸易便利化协定》是"巴厘一揽子协定"[②]的重要组成部分,原则上成员方必须全盘接受,不能保留协定中的任何条款。[③]作为多式联运便利化措施的重要内容,多式联运过境自由[④]和经认证经营者制度[⑤]的软硬法识别分歧尤为突出。(参见表10-2)《东盟多式联运框架协议》和《欧盟多式联运统一规则(草案)》均未规定经认证经营者制度,东盟各国在实践中分别实行各自的强制性产品认证制度,[⑥]尽管该制度目前存在认证制度不一致、规则多样性、流程多元化等导致反复认证、手续繁琐且费用高昂等问题。[⑦]

[①] 例如世界贸易组织的《贸易便利化协定》、世界海关组织的《全球贸易安全与便利标准框架》、联合国亚洲及太平洋经济社会委员会的《亚洲及太平洋跨境无纸贸易便利化框架协定》。此外,联合国2015年12月22日举行主题为"促进所有运输方式全面合作,推动建设可持续多式过境通道"的第70/197号会议。

[②] "巴黎一揽子协定"是多哈回合谈判的"早期收获",包括10份文件,内容涵盖简化海关及口岸通关程序、允许发展中国家在粮食安全问题上具有更多选择权、协助最不发达国家发展贸易等内容。

[③] 参见曾文革、江莉:《〈贸易便利化协定〉视域下我国海关贸易便利化制度的完善》,载《海关与经贸研究》2016年第1期,第1-9页。

[④] 滥觞于格劳秀斯的海洋自由理论,经过国际公法上的自由航行的演变,最终形成了《贸易便利化协定》过境自由制度。《贸易便利化协定》第11条用17个条款规定了过境自由,其主要包括过境费用、手续与单证、过境体制的实际运行等内容。

[⑤] 经认证经营者制度(Authorized Economic Operator, AEO)是根据世界海关组织于2005年制定的《全球贸易安全与便利标准框架》所提出的海关与商界合作中,由海关对企业进行资质认证,以便获得便利通关资格的制度。

[⑥] 例如新加坡的I-DA认证、马来西亚的SIRIM认证、印度尼西亚的SNI认证、菲律宾的ICC认证、泰国的TISI认证、越南的CR认证等。

[⑦] 参见宋军:《强制性认证制度对我国出口东盟企业的影响及应对策略》,载《对外经贸实务》2018年第6期,第44-47页。

表 10-2 东盟、欧盟、新加坡和中国关于过境自由和经认证经营者制度的比较①

依据	多式联运过境自由	经认证经营者制度
《东盟多式联运框架协议》	硬法	软法
《中国-东盟备忘录》	软法	软法
《欧盟多式联运统一规则（草案）》	软法	软法
《新加坡多式联运法案》	硬法	硬法
《中国海商法》	软法	软法

国际硬法"软化"是指对于缔约国权利义务关系重大且具有约束力的条款允许缔约国作出保留。《东盟多式联运框架协议》第41条规定："应为成员国提供执行本协定的灵活性，若其他成员国尚未做好准备，则可以在已批准或协议的两个或更多成员国实施。"这致使东盟成员国新加坡、马来西亚、文莱至今未批准该协议。毋庸置疑，国际陆海贸易新通道多式联运规则的软硬法识别分歧和国际硬法"软化"均不利于共享。其原因在于：第一，软法仅具备法的效力单一属性。法的效力是指法具有约束性的具体内容，是一种应然和静止状态，②国际法效力既是国际法权威的基础，③又是国际法义务的基础。④按照国际法实效的认定标准，即问题解决、法律适用和经济成本等，⑤软法缺乏法的实效属性，无法得到成员国的遵守与服

---

① 参见《东盟多式联运框架协议》第 13 条、《新加坡多式联运法案》第 4 条、第 5 条、第 6 条、第 7 条、第 8 条。
② 参见[奥]汉斯·凯尔森：《法与国家的一般理论》，沈宗灵译，中国大百科全书出版社 1996 年版，第 32 页。
③ G. G. Fitzmaurice, "The Foundations of the Authority of International Law and the Problem of Enforcement," *The Modern Law Review*, Vol.19, NO.1(Jan,156).
④ J. L. Brierly, The Law of Nations,6th ed., edited by Sir H. Waldock, Oxford: Claredon Press, 1963, chapter3; Oscar Schachter, "Toward a Theory of International Obligation", *Virginia Journal of International Law,* Vol. 8,1968.
⑤ Young, Oran R. Edited, *The Effectiveness of International Environment Regimes: Causal Connections and Behavioral Mechanisms*, Cambridge, Mass. MIT Press,1999, p.4.

从。第二，硬法具备法的效力与实效双重属性。法的实效是指法实际上得到适用、遵守和服从，是一种实然和运动的状态。①就国际陆海贸易新通道多式联运规则而言，缺乏效力是一纸空文，缺乏实效是空头支票。只有成为硬法，才能同时具备法的效力和实效双重属性，国际陆海贸易新通道多式联运规则才能发挥其规范当事人、维护运输秩序的作用。

（四）保障障碍：争端解决方式单一且缺乏预防机制

尚未形成多元化的争端解决机制。在"一带一路"倡议的法治化发展中，建立一个便捷高效、多元协作、共享共赢的多元化纠纷解决机制至关重要。②《东盟多式联运框架协议》的争端解决方式为诉讼和仲裁，前者侧重管辖，后者虽然囊括管辖、仲裁员、仲裁法庭、仲裁条款和仲裁协议及其效力，但是规定得极为简略。与东盟相比，新加坡和欧盟更为单一。《新加坡多式联运法案》仅规定仲裁解决方式，并为仲裁设立前置条件——"某些情况"，且未对"某些情况"通过概括式或列举式予以说明。《欧盟多式联运统一规则（草案）》将诉讼作为多式联运的争端解决方式，对于其他争端解决方式付之阙如。（参见表10-3）之所以国际陆海贸易新通道多式联运争端解决方式单一，是因为国际陆海贸易新通道多式联运当事人通常会在合同中约定争端解决方式或者准据法，即便事前未约定，争端发生后仍可以商议。因此，其对相关国际规则的争端解决条款依赖度较低。目前国际陆海贸易新通道多式联运仍处于初步发展阶段，相关"软件"设施完善仍需时日。

---

① 参见[奥]汉斯·凯尔森：《法与国家的一般理论》，沈宗灵译，中国大百科全书出版社1996年版，第32页。
② 参见龙飞：《"一带一路"战略中多元化纠纷解决机制的地位》，载《人民法院报》2017年7月14日第5版。

表 10-3 东盟、欧盟、新加坡和中国关于争端解决方式与争端预防措施的比较[1]

依据	争端解决方式	争端预防措施
《东盟多式联运框架协议》	诉讼、仲裁	—
《中国-东盟备忘录》	—	—
《欧盟多式联运统一规则（草案）》	诉讼	—
《新加坡多式联运法案》	仲裁	—
《中国海商法》	诉讼、仲裁	—

缺乏多式联运争端预防机制。法者，所以兴功惧暴也；律者，所以定分止争也；令者，所以令人知事也。[2]规则的首要作用是预防争端而非解决争端。事实上，多式联运争端解决机制存在固有缺陷：一方面，索赔与求偿较为困难。多式联运争端涉及国家众多，法律关系复杂，涉及预期利益损失和信赖利益损失，[3]索赔与求偿是一个艰难漫长的过程。另一方面，影响企业商业信誉。多式联运秩序的基石是商业信誉，而维护商业信誉的方式是预防争端，而非解决争端。从某种意义上讲，解决争端或多或少会损害企业商业信誉。相比之下，多式联运的风险监测与防控，建立多式联运争端预防机制更为合理。然而，东盟、新加坡和欧盟仅注重多式联运争端的解决，忽略了多式联运的风险监测与防控，《东盟多式联运框架协议》《中国-东盟备忘录》《新加坡多式联运法案》《欧盟多式联运统一规则（草案）》和《中国海商法》均未建立多式联运争端预防机制。缺乏多式联运争端预防机制的原因在于长期存在重解决轻预防的错误理念。此外，对于如何构建多式联运争端预防机制仍处于探索之中。

---

[1] 《东盟多式联运框架协议》第 25 条、第 26 条，《欧盟多式联运统一规则（草案）》第 11 条、第 14 条，《新加坡多式联运法案》第 37 条，《中国海商法》第 267 条。

[2] 参见《管子·七臣七主》。

[3] 参见杨良宜：《预期利益损失与信赖利益损失》，载《中国海商法年刊》2011 年第 1 期，第 8-19 页。

四、国际陆海贸易新通道多式联运规则的构建路径

国际陆海贸易新通道多式联运规则旨在促进中国西部地区与东南亚、欧洲的经济要素有序自由流动、资源高效配置和市场深度融合。鉴于国际陆海贸易新通道多式联运存在规则碎片化与冲突化并存等诸多问题，提出以下建议和意见。

（一）凝聚全球交通命运共同体的国际共识

全球交通命运共同体既是交通运输全球治理的国际法表达，也是交通运输国际法治的中国方案。构建国际陆海贸易新通道多式联运规则的前提是凝聚国际陆海贸易新通道沿线国家对于全球交通命运共同体的国际共识。考虑到《区域全面经济伙伴关系协定》（RCEP）成员国与国际陆海贸易新通道沿线国存在交集，"海关程序与贸易便利化"被规定在 RCEP 第四章之中，且一定程度上参考和借鉴已取得国际共识的世界贸易组织《贸易便利化协定》。因此，应当以 RCEP 生效为契机凝聚全球交通命运共同体的共识。中国应重点强调 RCEP 第四章"海关程序与贸易便利化"，呼吁成员国加强自身的交通运输基础设施建设，增强彼此的互联互通。针对新加坡、马来西亚和文莱尚未批准《东盟多式联运框架协议》，中国应当以 RCEP 为契机，强化新加坡、马来西亚和文莱对全球交通命运共同体的认知，呼吁其早日批准《东盟多式联运框架协议》，形成东盟多式联运一体化新格局。

（二）构建中国交通运输双循环的国际国内法律互动机制

中国至今没有专门的多式联运法律，而是散见于《中华人民共和国海商法》《中华人民共和国民法典》之中。关于中国应该采取何种多式联运立法模式，国内学术界一直存在分歧。《中华人民共和国海商法》修订小组主张以《中华人民共和国海商法》为基础，修订多式联运合同的特别规定；有学者主张为国内公路运输、铁路运输、内水运输、航空运输和管道运输

制定一套相同的运输规则，海上运输仍适用其特殊规则；[1]也有学者认为制定一部涵盖国际和国内货物运输的多式联运统一法是较为可行的方案[2]；还有学者认为应尽快编纂《中国海法典》，增加航运贸易发展与海洋时代所需要的规范内容。[3]笔者认为，应当构建中国交通运输双循环的国际国内法律互动机制。就国内法而言，鉴于《中华人民共和国铁路法》和《中华人民共和国海商法》正处于修订期，且大部制改革下的交通运输部职能得以强化，建议起草编纂《中国多式联运法》，以调整和规范国内（包含国际陆海贸易新通道国内段）货物多式联运实践；就国际法而言，强调"一带一路"倡议设施联通和国际陆海贸易新通道多式联运的全球交通命运体国际法属性，在细化、丰富与落实《中国-东盟备忘录》的同时，中国应以之为蓝本，在国际多式联运领域加强与欧盟、新加坡的磋商和交流，并与之签订国际陆海贸易新通道多式联运双边协定。值得注意的是，该双边协定应与《中国多式联运法》通过多式联运经营人责任形式、免责事由、托运人责任、过境自由、经认证经营者制度、多元化的争端解决和预防机制等核心条款互动与衔接。

（三）加强中国对多式联运规则的主导权和提升沿线国的参与度

构建国际陆海贸易新通道多式联运规则，应坚持共同但有区别责任原则。根据成员国的自身能力进行权利、义务与责任的分配，国际公共产品的供给与主导权存在正相关，主导国应加强国际公共产品的供给，参与国则积极响应与支持。作为国际陆海贸易新通道多式联运规则的主导者，中国应当增加国际公共产品的供给以加强对国际陆海贸易新通道多式联运规则的主导权。详言之，中国应当根据国际陆海贸易新通道沿线国的实际情

---

[1] 参见陈玉梅：《对我国多式联运中承运人立法完善的若干思考》，载《求索》2010年第8期，第160-162页。
[2] 参见李志文、吕琪：《"一带一路"战略下对我国多式联运立法建构的思考》，载《法学杂志》2016年第4期，第57-64页。
[3] 参见司玉琢、李天生：《中国海法典编纂论纲》，载《中国海商法研究》2015年第3期，第3-15页。

况，建议亚洲基础设施投资银行适当降低贷款条件和增加贷款额度积极推动成立国际陆海贸易新通道基金会。中国积极创新国际运输规则，参照海运提单创设铁路提单，通过司法案例或司法解释赋予物权属性，[1]建议铁路合作组织等国际组织采纳并实现运输的常态化，推动海运提单和铁路提单的协调统一。此外，就提升国际陆海贸易新通道沿线国参与度而言，中国应该强化全球交通命运共同体以共商为前提、共建为途径、共享为目标、多元化争端预防和解决机制为保障的理念，国际陆海贸易新通道多式联运是全球命运共同体的新探索与新实践，消除国际陆海贸易新通道沿线国对主权威胁、经济制裁、外交格局、环境威胁、债务陷阱等问题的担忧。中国还应积极敦促缔约国细化、丰富与落实《中国-东盟备忘录》等已签署的双边协定。

（四）推动制定国际陆海贸易新通道多式联运公约

当前国际多式联运规则呈现出碎片化、残缺化与冲突化的态势，这引起学界对于国际多式联运未来发展路径的构想。有学者认为应修改《联合国国际货物多式联运公约》，[2]也有学者寄希望于《鹿特丹规则》。[3]笔者认为，以《东盟多式联运框架协议》为基础，有选择地借鉴和吸收《区域全面经济伙伴关系协定》《中国-东盟备忘录》《新加坡多式联运法案》《欧盟多式联运统一规则（草案）》《联合国国际货物多式联运公约》《鹿特丹规则》等先进成果，逐步推动制定国际陆海贸易新通道多式联运公约。该公约应涵盖多式联运经营人责任形式、免责事由、托运人责任、过境自由、经认证经营者制度、多元化的争端解决和预防机制等核心内容。

---

[1] 参见张晓君、胡劲草：《国际陆海贸易新通道跨境铁路运输规则现状、问题与完善》，载《国际商务研究》2020年第3期，第67-75页。

[2] William Tetley. *Marine Cargo Cliam* (Volume 2: Chapters 32 to 46), Thomson Carswell, 4th ed. 2008, p.2280.

[3] Alexander von Ziegler. *The Rotterdam Rules 2008*. New York: Wolters Kluwer Law & Business Press, 2010, p.25; Berlingierri F. *Multimodal aspect of the Rotterdam Rules*. Oxford University Press, 2011, p.58.

(五)统一多式联运规则软硬法识别标准并适时推动软法"硬化"

关于全球治理与国际法治,国内学术界一直主张硬法与软法的"中心—外围"之构造①,并强调软法虽"柔"却未必"软"②。国际陆海贸易新通道多式联运亦是如此,应坚持软硬兼治的原则。一方面,明确硬法与软法的识别标准。硬法规定各国已达成共识的和关系当事人权利义务的核心内容,例如考虑到网状责任制无法解决非定域损失或损害、逐渐发生的损失或损害、延迟交付和结果的无法预见性等问题,③建议国际陆海贸易新通道多式联运规则将多式联运经营人责任确定为硬法,并实行修正的统一责任制。又如,针对多式联运经营人免责事由分歧问题,建议国际陆海贸易新通道多式联运规则将其确定为硬法,并统一为不可抗力、航行过失、火灾、货物包装缺陷、货物固有缺陷、罢工、托运人疏忽等七项免责事由。软法规定各国存在巨大分歧的和侧重于程序性事项的非核心内容,例如多式联运"一单制"等运输便利化措施等。另一方面,明确软法向硬法转化的条件,并适时推动软法"硬化"。与软法相比,硬法具有约束性,更有利于主导国和参与国共享。需要强调的是,软法向硬法转化需满足相应条件,例如相关措施的常态化,符合各国整体利益、各国的真实意愿且取得共识。此外,转化的表现形式为通过修订国际运输公约,增加该相关条款,使之明确化和成文化。

(六)构建国际陆海贸易新通道多元化的争端解决和预防机制

第一,坚持预防与解决结合,双边与多边联动,国际与国内互补。④通

---

① 参见徐崇利:《全球治理与跨国法律体系:硬法与软法的"中心—外围"之构造》,载《国外理论动态》2013年第8期,第19-28页。
② 参见何志鹏、申天娇:《国际软法在全球治理中的效力探究》,载《学术月刊》2021年第1期,第103-116页。
③ 参见贺万忠:《国际货物多式运输法律问题研究》,法律出版社2002年版,第31-38页。
④ 参见廖丽:《"一带一路"争端解决机制创新研究——国际法与比较法的视角》,载《法学评论》2018年第2期,第166-173页。

过国际陆海贸易新通道多式联运争端案例的收集和分析,定期发布国际陆海贸易新通道多式联运风险指导手册。第二,重视调解、和解、仲裁和诉讼的多元化方式运用。事实上,调解在友好解决国际商事争议上具有重要价值,《新加坡调解公约》将补充现行国际调解法律框架,改变以往重视仲裁和诉讼,忽视和解与调解的情况,强化调解在多式联运多元化争端解决机制中的地位和作用。第三,重视研究会和论坛的作用。由"一带一路"参与国自行组建争端解决机制既利于条约的解释,也能体现缔约方的原意。①由中国法学会提议,成立国际陆海贸易新通道法律研究会,定期召开学术会议,针对多式联运理论与实践问题进行交流与对话,贡献智慧和力量。

五、结语

全球交通命运共同体既是交通运输全球治理的国际法表达,也是交通运输国际法治的中国方案。全球交通命运共同体由中国首次提出,但其与联合国等国际组织一直所倡导的"可持续交通"理念存在共通,符合全球的价值选择与整体利益。作为交通运输领域全球治理与国际法治的新倡议,全球交通命运共同体具有丰富的理论内涵与实践探索。就理论内涵而言,以遵循和平共处五项原则的共商为前提,以坚持共同但有区别责任原则的共建为途径,以要求以硬为主且软硬兼治原则的共享为目标,以要求遵循预防为主且防治结合原则的多元化争端解决和预防机制为保障;就实践探索而言,国际陆海贸易新通道多式联运由中国主导"自上而下"推动的以铁海联运为主从中国西部地区出发途经东南亚抵达欧洲。特别是 2020 年中国与湄公河国家共同发表《合作声明》将有利于国际陆海贸易新通道多式联运规则的构建与完善。应当注意的是,国际陆海贸易新通道多式联运规则在共商、共建、共享、保障等方面存在诸多障碍。当前,中国的角色正发生从旁观者到参与者,再到主导者的转变,国际义务和责任也随之加

---

① 参见王贵国:《"一带一路"争端解决制度研究》,载《中国法学》2017 年第 6 期,第 56-71 页。

重。中国应当凝聚全球交通命运共同体的共识，构建中国交通运输双循环的国际国内法律互动机制，加强中国对多式联运规则的主导权和提升沿线国的参与度，推动制定国际陆海贸易新通道多式联运公约，统一多式联运规则软硬法识别标准并适时推动软法"硬化"，构建国际陆海贸易新通道多元化的争端解决和预防机制。

专题十一：
可持续交通与国际环境政策的战略对接
——以"一带一路"为视角*

一、可持续交通的内涵

可持续交通，即一种强调社会可持续发展，满足当前世代的需求而不损害未来世代需求满足能力的绿色、环保的交通发展方式。[①]可持续交通的内容主要包括生态环境、资源利用、供需平衡、经济与财务、社会和人文五个方面的可持续性[②]，其中又以生态环境的可持续性与资源利用的可持续性等侧重保护生态环境方面的内容目前最受关注，这两者不但是其他方面可持续的基础与前提，也是正确衡量其他方面可持续性的标准之一。同时，可持续交通在生态环境的可持续性与资源利用的可持续性等侧重保护生态环境方面的内容也更加直接地与国际环境政策相联系。

可持续交通是可持续发展的重要内容，与联合国 2030 可持续发展议

---

* 本部分内容由西南交通大学公共管理学院法学系副教授吴昱和西南交通大学公共管理学院法学系法学硕士研究生田焜撰写。

① Sustainability Research-Sustainable Transportation; New Sustainable Transportation Findings Reported from Mendel University in Brno (Analysis of Sustainable Transport for Smart Cities). *Journal of Transportation*, 2019.

② 欧国立：《建立可持续交通运输体系的意义与路径》，载《可持续发展经济导刊》2020 年第 4 期，第 30-32 页："（1）生态环境的可持续性。运输活动在满足社会经济发展需求的同时，对生态环境造成的损害不断降低。（2）资源利用的可持续性。交通运输对土地和能源的利用水平和使用效率不断提高。（3）供需平衡的可持续性。运输供给能够满足不断增加的运输需求，实现两者之间的平衡。（4）经济与财务的可持续性。运输资产能够良好地运行，运输产业能保持良好的财务状况。（5）社会和人文的可持续性。交通运输能够惠及所有地区，实现不同区域和成员间公平对待。"

程的多项目标直接相关。2021 年第二届联合国全球可持续交通大会在北京举行。大会以"可持续的交通，可持续的发展"为主题，主要内容包括：第一，坚持开放联动，推进互联互通。推动建设开放型世界经济，不搞歧视性、排他性规则和体系，推动经济全球化朝着更加开放、包容、普惠、平衡、共赢的方向发展。第二，坚持共同发展，促进公平互惠。发挥交通先行作用，加大对贫困地区交通投入，让贫困地区经济民生因路而兴。加强南北合作、南南合作，为最不发达国家、内陆发展中国家交通基础设施建设提供更多支持，促进共同繁荣。第三，坚持创新驱动，增强发展功能。大力发展智慧交通和智慧物流，推动大数据、互联网、人工智能、区块链等新技术与交通行业深度融合，使人享其行，物畅其流。第四，坚持生态优先，实现绿色低碳。加快形成绿色低碳交通运输方式，加强绿色基础设施建设，推广新能源、智能化、数字化、轻量化交通装备，鼓励引导绿色出行，让交通更环保、出行更加低碳。第五，坚持多边主义，完善全球治理。践行共商共建共享的全球治理观，动员全球资源，应对全球挑战，促进全球发展。维护联合国权威和地位，围绕落实联合国 2030 年可持续发展议程，全面推进减贫、卫生、交通物流、基础设施建设等合作。中国将继续推进高质量共建"一带一路"，加强同各国基础设施互联互通，加快建设绿色丝绸之路和数字丝绸之路。

2016 年 9 月，中国在联合国总部发布《中国落实 2030 年可持续发展议程国别方案》，以创新、协调、绿色、开放、共享五大发展理念为指引，提出了中国全面落实国别方案中交通运输领域的各项目标，以推动交通运输实现更安全、更经济、更便捷和可持续发展。

可持续交通是交通强国的重要特征之一，是实现交通强国建设目标的必要路径。2019 年 9 月发布的《交通强国建设纲要》是交通行业共同的行动纲领，强调以集约利用资源、提高综合交通效率为目标。要加强交通与资源、环境的统筹规划，突出交通运输与经济社会以及不同运输方式间彼此协调发展。把握交通运输在项目建设、运营、管理等方面对资源使用和生态环境的影响，构建安全、便捷、高效、绿色、经济的现代化综合交通体系。建设世界交通强国，势必对可持续交通建设提出新要求，必须遵循可持续发展的原则，使交通运输的发展与经济社会发展需求和资源环境容量相适应，建立可持续发展的交通运输体系。

党的十九大报告指出，要加快生态文明体制改革，建设美丽中国，推进绿色发展；同时，也指出要推进交通发展，实现交通强国。在交通运输领域，以市场为导向，以体制创新、科技创新、管理创新为动力，以资源节约、环境友好为核心，整合运输资源，优化运输结构，优先发展能够满足可持续发展要求的资源节约型运输方式和交通工具，加强多种交通运输方式的协调和衔接，实现交通运输与社会经济、资源环境之间的协调发展。

《加快推进绿色循环低碳交通运输发展指导意见》提出"将生态文明建设融入交通运输发展的各方面和全过程"的新理念。2017年11月，交通运输部印发的《关于全面深入推进绿色交通发展的意见》提出，着力实施交通运输结构优化、组织创新、绿色出行、资源集约、装备升级、污染防治、生态保护等七大工程，加快构建绿色发展制度标准、科技创新和监督管理等三大体系。2017年2月，国务院印发的《"十三五"现代综合交通运输体系发展规划》指出，到2020年，基本建成安全、便捷、高效、绿色的现代综合交通运输体系。同年4月，交通运输部印发《推进交通运输生态文明建设实施方案》，从优化交通运输结构、加强生态保护和污染综合防治、推进资源节约循环利用、强化生态文明综合治理能力四个方面提出了推进交通运输生态文明建设的15项重点任务。这是生态文明理念引领交通转型、促进可持续交通建设的重要举措。

二、可持续交通与国际环境政策的对接点

（一）对接点一：与"一带一路"环境政策的对接

"一带一路"环境政策的合作思路是全面服务"五通"，有力有序有效地将绿色发展要求全面融入政策沟通、设施联通、贸易畅通、资金融通、民心相通中，构建多元主体参与的生态环保合作格局，提升"一带一路"

沿线国家生态环保合作水平，为实现 2030 年可持续发展议程环境目标做出贡献。"一带一路"环境政策的基本原则首先是理念先行，绿色引领。以生态文明和绿色发展理念引领"一带一路"建设，切实推进五通政策的绿色化进程，提高绿色竞争力。第二，共商共建，互利共赢。充分尊重沿线国家发展要求，加强战略对接和政策沟通，推动达成生态环境保护共识，共同参与生态环保合作，打造利益共同体、责任共同体和命运共同体。第三，政府引导，多元参与。完善政策支撑，搭建合作平台，落实企业环境治理主体责任，动员全社会积极参与，发挥市场作用，形成政府引导、企业承担、社会参与的生态环保合作网络。第四，统筹推进，示范带动。加强统一部署，选择重点地区和行业稳步推进、以点带面、形成辐射效应，提升生态环保合作水平。"一带一路"环境政策发展目标的近期目标是：以六大经济走廊为合作重点，进一步完善生态环保合作平台建设，制定落实一系列生态环保合作支撑政策，加强生态环保信息支撑；在铁路、电力等重点领域树立一批优质产能绿色品牌；一批绿色金融工具应用于投资贸易项目，资金呈现向环境友好型产业流动趋势；建成一批环保产业合作示范基地等国际环境产业合作平台。远期目标是推动实现 2030 可持续发展议程环境目标，深化生态环保领域合作，全面提升生态环保合作水平。

"一带一路"沿线国家在"一带一路"提出前后就已经具有了一定的保护环境的意识，在"一带一路"提出以来的近些年，对生态环境保护更加关注，相关政策和立法加快，力度加大。中亚国家及俄罗斯对可持续交通上的支持主要在推动能源与环境相协调方面[①]；东南亚各国则是将可持

---

① 《"一带一路"沿线国家的环境状况与主要问题》，载《全球商业经典》2021 年第 4 期，第 96-103 页："2008 年，塔吉克斯坦与乌兹别克斯坦、吉尔吉斯斯坦、哈萨克斯坦和白俄罗斯签署了《建立绿色走廊协议》。俄罗斯在其《2008—2020 年国家社会生态发展长期规划》中将提高能源效率作为本国发展绿色经济的首要目标。2009 年俄罗斯通过了《俄罗斯联邦 2030 年前能源战略》，明确新能源发展的具体目标和扶持政策。哈萨克斯坦在 2012 年提出'绿色桥梁'倡议及全球能源环境战略，2013 年颁布实施了向绿色经济过渡的行动纲要。乌兹别克斯坦 2013 年通过了《2013—2017 年保护环境行动计划》，将环境可持续发展作为支柱行业，制定了'绿色经济原则的经济行业发展机制'。"

续交通作为实现可持续发展的一部分，推动整个国家的可持续发展①；南亚国家印度则致力于"创建'绿色经济'大国、发展低碳经济"②。

不管是直接有意推动可持续交通发展的"一带一路"五通政策及其相关文件，还是"一带一路"沿线国家制定的本国各方面可持续发展内容的各种政策及文件，都对接可持续交通以推动其不断发展。当然，在沿线国家响应"一带一路"倡议制定的各种战略中③，应更为明确地划分环境政策，更加有效推进可持续交通与国际环境政策对接。

（二）对接点二：可持续交通—自由贸易协定—环境公约

可持续交通是可持续的"一带一路"的要求、目标和重要内容，可持续的"一带一路"建设必须与一定的国际秩序相联系④，国际秩序在"一带一路"沿线国家体现为各种自由贸易协定与国际公约，其中与可持续交通相挂钩的是各种涉及促进交通运输发展以及在交通运输发展中保护生态环

---

① 《"一带一路"沿线国家的环境状况与主要问题》，载《全球商业经典》2021年第4期，第96-103页："柬埔寨制定了'绿色增长路线图'，将绿色发展的理念和项目整合到国家发展战略中，全方位、多层次地开展绿色经济建设。印度尼西亚在《2005—2025》年国家长期发展规划中提出'绿色印尼，永续印尼'的目标，践行可持续发展理念，促进企业低碳化生产，进一步完善节能政策。新加坡在2009年发布了可持续发展蓝图，2012年出台了《2012绿色计划》和《国家再循环计划》等，通过完善绿色经济的法制体系，将经济、社会全面'绿化'。"

② 《"一带一路"沿线国家的环境状况与主要问题》，载《全球商业经典》2021年第4期，第96-103页："2006年，印度计划委员会起草了《能源综合政策报告》，明确新能源技术路线，提高能源生产和利用效率；2007年印度成立总理担任主席的'总理气候变化委员会'，协调和气候变化评估相关的工作；2008年推出《国家应对气候变化计划》，强调提高资源能源效率计划、绿色印度计划，应对气候变化问题，同年推出新的国家能源安全政策，倡导使用清洁、可再生资源。从2008年开始，印度开始从政府措施和市场机制着手发展低碳经济，创造未来'绿色经济大国'。"

③ 胡必亮：《推动共建"一带一路"高质量发展——习近平关于高质量共建"一带一路"的系统论述》，载《学习与探索》2020年第10期，第102-119、F0002、192页。

④ 孔庆江：《中国"一带一路"倡议与亚太地区的自贸区建设》，载《区域与全球发展》2017年第1卷第1期，第5-23、154页。

境的自由贸易协定与环境公约。可持续交通将是自贸协定设施建设的关键点，而自贸协定也包含了其他非交通领域的国际环境公约的履约合作，在逻辑上，如果践行可持续交通，将为交通领域注入大量的国际环境公约的履约合作。"一带一路"倡议已经提供了诸如人类命运共同体，共商、共建、合作共赢的主导价值观，中国也需要一个有约束力的法律机制将政治性政策转化为国际法以获得稳定性与合法性。近些年来"一带一路"沿线国家加快了相关的环境立法。[①]在中国共建绿色"一带一路"的号召下，"一带一路"沿线近些年来也有了不少国际性规范文件。[②]即使如此，"一带一路"沿线中仍缺少统一有效的国际法律规则与机制，这对于各国有效协作落实

---

① 《"一带一路"沿线国家的环境状况与主要问题》，载《全球商业经典》2021年第4期，第96-103页："以俄罗斯为例，早在2002年，俄罗斯就制定了《环境保护法》，这成为其制定环境政策、保证经济社会协调发展、维护生态平衡和生物资源多样性以及确保国家生态安全的基本法。2005年12月，俄罗斯通过修订《行政法典》，加重了对环境违法的行政处罚力度和罚款金额。2008年俄罗斯颁布'关于提高能源及生态效率'联邦总统令，以法律的形式提出绿色经济发展的优先目标是能源、水资源和土地资源。伊朗近年来也加快了环境立法速度，制定了比较完备的涉及环境管理和保护的法律法规20余部，涵盖水污染治理和水资源保护、土地综合治理、垃圾处理、空气污染治理、生物资源保护等诸多环境领域，并不断强化环境监管措施，强化环境监控和信息收集，推动公众参与。近年来土耳其也加快了环境保护立法，目前已经制定了《环境保护法》《森林法》《空气质量控制条例》《水体污染控制条例》《环境影响评估条例》等。其中，土耳其的《森林法》规定，严禁侵害森林，严禁以各种名义缩小林地面积，除非公共利益需要，不得在林地安装各种设施和从事项目建设。"

② 胡必亮：《推动共建"一带一路"高质量发展——习近平关于高质量共建"一带一路"的系统论述》，载《学习与探索》2020年第10期，第102-119、F0002、192页："中国与联合国环境规划署签署了关于建设绿色'一带一路'的谅解备忘录，与30多个沿线国家签署了生态环境保护合作协议，中国牵头成立二十国集团绿色金融研究小组，发布了《二十国集团绿色金融综合报告》，通过实施'绿色丝路使者计划'已培训沿线国家2000人次（推进"一带一路"建设工作领导小组办公室，2019）。2018年11月，中国金融学会与英国有关机构共同发布了《"一带一路"绿色投资原则》……同样在第二届'一带一路'国际合作高峰论坛期间，由中国国家发展和改革委员会与联合国工业发展组织、联合国亚洲及太平洋经济社会委员会等机构共同发起，相关行业协会和相关重点企业共同倡导的《"一带一路"绿色高效制冷行动倡议》《"一带一路"绿色照明行动倡议》以及《"一带一路"绿色走出去行动倡议》也正式发布。"

国际环境政策，实现与可持续交通的对接产生了阻碍。

共建"一带一路"环境政策有其缺陷，主要表现在：一是目前"一带一路"的制度建设停留在较低的层面上，主要体现在有关文件的效力等级上，100多个参与"一带一路"建设国家和国际组织基本上是通过中国与部分国家和国际组织签署的关于共建"一带一路"的备忘录等方式来承诺的，而不是自贸协定的多边条约式。二是共建"一带一路"环境政策才开始探讨把环境章节纳入我国与"一带一路"沿线国家自贸协定的可行性。"一带一路"建设对环境章节的设想主要包括打击固体废物非法越境转移，降低或取消重污染行业产品的出口退税。推动环境标志产品进入政府采购，探索建立环境标志产品互认机制。这与《全面与进步跨大平洋伙伴关系协定》（CPTPP）环境章节的重点并不统一，并不重视《濒危野生动植物种国际贸易公约》与环境政策中知识产权选项，这将引发新的绿色壁垒。三是还未将环境公约履约合作放入自贸协定中。"一带一路"建设试图推动履行的公约主要是《生物多样性公约》《关于持久性有机污染物的斯德哥尔摩公约》等多边环境协定，构建环境公约履约合作机制。但是，环境公约履约合作并非加入"一带一路"倡议的门槛，也没有把环境履约合作与贸易捆绑在一起，不属于"一带一路"沿线国家的强行义务。这使得"一带一路"环境政策的评估属于低标准政策。四是，完全没有设置跨境的环境争端解决机制。从目前通行的自贸协定来看，一般都会附带相应的争端解决条款。很多学者认为国际法效力不强，认为其是软法，很重要的原因就是缺乏有效的争端解决机制。"一带一路"建设欠缺争端解决机制不利于大量的基础设施落地后产生的环境纠纷。

就以中国来说，在非条约领域，中国推进"一带一路"倡议，这是中国的经济和战略议程，涉及大量基础设施项目的环境保护问题。在条约领域，只有中韩自贸区的环境条款水平较高。在自由贸易协定领域，中国目前只在中国-韩国自贸区和中国-格鲁吉亚自贸区中将贸易与环境保护联系起来。中国的自由贸易协定并不包含环境保护的"硬法"。相反，他们的大多数条款都是"软法律"建议，避免将强制性的环境保护义务强加给成员国。

CPTPP 明确提到将三个多边环境协定——《濒危野生动植物种国际贸易公约》《关于消耗臭氧层物质的蒙特利尔议定书》和《国际防止船舶污染公约》作为一项一般性承诺。这意味着，批准这三个多边环境协定实际上是加入 CPTPP 的先决条件。CPTPP 的环境章（第 20 章）共包括 23 个条款和 2 个附件，要求 CPTPP 成员采取措施维持生态平衡和生物多样性、控制船舶对海洋环境的污染、保护臭氧层等。除了独立的环境章节，CPTPP 的第 7 章（卫生和植物检疫措施）、第 8 章（技术性贸易壁垒）、第 9 章（投资）、第 11 章（金融服务）和第 15 章（政府采购）也涉及贸易相关的环境问题，此外，它不仅包括实体规定，还包括有关公众参与、环境协商、争端解决等的程序性规定。与传统的自由贸易协定致力于通过贸易自由化促进成员之间的经济增长相比，CPTPP 的环境条款标准相对较高，属环境友好型自贸协定，因为它以贸易制裁的"牙齿"来履行其环境义务，并要求各方承诺高水平的公众参与。

中国的自由贸易协定并未包含任何多边环境协定。中国及其自贸协定伙伴仅重申，将利用国内立法有效履行双方均为多边环境协定成员的现有承诺。与 CPTPP 不同的是，中国的自贸协定既没有为环境纠纷制定具体的纠纷解决程序，也没有将自贸协定中包含的一般纠纷解决机制应用于其环境章节引起的纠纷。根据中韩自贸协定，这些争议可通过两国之间的联络点或环境与贸易委员会解决。然而，联络点和委员会不能发布具有约束力的决定。中国自由贸易协定的环境条款并没有制定严格的法律义务，中国将环境监管纳入其自由贸易协定仍处于初步阶段。在沿线国家参差不齐的发展水平之下，各国国内法本身就存在各种零散、繁多、庞杂的环境法律法规和标准，本就不算完善的多边规则也呈现出较为明显的"碎片化"现象。[1]缺少统一有效的国际法律规则与机制不仅在各方面影响着各国的有效协作和争议解决，还产生了巨大的绿色投资风险。[2]这对于发挥"一带一

---

[1] 刘敬东：《"一带一路"法治化体系构建的再思考》，载《环球法律评论》2021 年第 43 卷第 3 期，第 180-192 页。
[2] 王文、杨凡欣：《"一带一路"与中国对外投资的绿色化进程》，载《中国人民大学学报》2019 年第 33 卷第 4 期，第 10-22 页。

路"最具活力的引资注资作用，通过绿色投融资机制推进可持续交通发展产生阻碍。

三、推进可持续交通与国际环境政策的战略对接的要求

（一）发挥环境政策的引导作用

可持续交通与国际环境政策的战略对接需要可持续交通的政策引领，以及国际环境政策在交通运输综合体系的深入。作为重要的外生制度变量[1]，可持续交通与国际环境政策的战略对接，具有能动性的环境政策正确引导交通，交通在各方面切实落实执行环境政策，才能朝着可持续交通方向发展。因此，需要发挥环境政策的引导作用，将环境保护纳入交通体系，作为评价和目标的一部分，尤其发挥最具活力的绿色投融资政策体系在"一带一路"中引资注资的激励引导作用。[2]

第一，突出生态文明理念，分享生态文明和绿色发展的理念与实践传播生态文明理念。充分利用现有多双边合作机制，推动共同制定实施双边、多边、次区域和区域生态环保战略与行动计划。第二，构建生态环保合作平台，加强生态环保合作机制和平台建设。充分利用中国-东盟、上海合作组织、欧亚经济论坛、中非合作论坛、亚信等合作机制，强化区域生态环保交流，扩大与相关国际组织和机构的合作，倡议成立"一带一路"绿色发展国际联盟，建设政府、企业、智库、社会组织和公众共同参与的多元合作平台。合作建设"一带一路"生态环保大数据服务平台，加强生态环境信息共享。第三，推动环保社会组织和智库交流与合作。支持环保社会组织与沿线国家相关机构建立合作伙伴关系，联合开展公益服务、合作研究、交流访问、科技合作、论坛展会等多种形式的民间交往。推进国内和

---

[1] 何寿奎：《交通运输业高质量发展与环境保护融合动力机制及路径》，载《企业经济》2020 年第 39 卷第 1 期，第 5-11、F0002 页。

[2] 王文、杨凡欣：《"一带一路"与中国对外投资的绿色化进程》，载《中国人民大学学报》2019 年第 33 卷第 4 期，第 10-22 页。

国际智库与政府部门、智库与企业以及智库与环保社会组织之间的生态环保合作。

绿色投融资体系不仅在生态环境保护方面对接可持续交通与国际环境政策，还通过引资注资促进可持续交通供需平衡可持续性、经济与财务可持续性两个方面发展。五通政策在资金融通方面，促进绿色金融政策的制定，开展沿线国家绿色投融资需求研究，制定绿色投融资指南。探索制定绿色投融资的管理标准，探索设立"一带一路"绿色发展基金。推动设立专门的资源开发和环境保护基金，重点支持沿线国家生态环保基础设施、能力建设和绿色产业发展项目。另外引导投资决策绿色化，在"一带一路"和其他对外投资项目中加强环境风险管理，提高环境信息披露水平，使用绿色债券等绿色融资工具筹集资金，在环境高风险领域建立并使用环境污染强制责任保险等工具开展环境风险管理。

（二）推进建立互认有效的国际法律机制及环境评价标准

战略对接需要密切联系可持续交通与环境保护方面相关的国际法律体系的建立，需要统一的国际法律规则，需要推进有法律约束力的国际公约或区域条约的建立。[1]但要完全实现这点可能是个相当漫长或十分困难的过程，尤其是考虑到国际环境法方兴未艾并广泛依靠"较软"的措施的情况下。目前，中国自贸区战略尤其是《区域全面经济伙伴关系协定》（Regional Comprehensive Economic Partnership，RCEP）在环境政策选择上有两种路径：一是借助"一带一路"的五通政策，切实实施《"一带一路"生态保护规划》；二是效仿《全面与进步跨太平洋伙伴关系协定》（Comprehensive and Progressive Agreement for Trans-Pacific Partnership，CPTPP）较高的环境标准，将贸易与环境紧密联系在一起；加强多边环境协定执行机制。对于"一带一路"而言，直接建立沿线国家间的包含环境保护内容的统一国际法律机制较为困难，可以努力的方向是继续推进沿线

---

[1] 李勋：《试论国际环境法的国际合作原则》，载《湖南师范大学社会科学学报》。2001年第52期，第97-99页。

国家对各国国际法律机制的互认，以互认有效的国际法律机制框架尝试逐步构建切实可行的统一国际法律机制。目前最直接的是解决国际法律、各国法律"碎片化"问题，这需要建立针对性的法律合作机制。[1]而最实际的是先建立统一的环境评价体系与标准，这需要建立完善本国的环境评价体系与标准。[2]

"一带一路"五通政策也有着建立相应的环境标准与评价体系的要求。贸易畅通方面，探讨环境章节纳入我国与"一带一路"沿线国家自贸协定的可行性。环境章节主要包括打击固体废物非法越境转移，降低或取消重污染行业产品的出口退税，适度提高贸易量较大的"两高一资"行业环境标准。推动环境标志产品进入政府采购，分享建立环境标志认证体系的经验，推动沿线国家政府采购清单纳入更多环境标志产品，探索建立环境标志产品互认机制。另外，在建立绿色供应链管理体系中，开展供应链各环节绿色标准认证，推动建立绿色供应链从生产、流通、消费的绩效评价体系。

（三）加强国际合作

战略对接需要加强相应的国际合作，发展多边主义，减少单边主义。[3]尤其是对于"一带一路"中涉及的大范围的海上交通繁忙、易受工业污染的闭海或半闭海，区域合作尤其重要。[4]

"一带一路"通过各国在政策上沟通与合作，建立政治上的共同意识，

---

[1] 刘敬东：《"一带一路"法治化体系构建的再思考》，载《环球法律评论》2021年第43卷第3期，第180-192页。

[2] 何寿奎：《交通运输业高质量发展与环境保护融合动力机制及路径》，载《企业经济》2020年第39卷第1期，第5-11、F0002页："（我国）交通运输业高质量发展及环境保护现状：基于环境保护的交通运输业高质量发展评价标准体系缺失，交通运输业高质量发展及环保技术支撑能力不强，交通运输业高质量发展与环境保护的激励机制有待完善。"

[3] 李威：《欧美单边气候立法及其对国际法的影响》，载《南通大学学报（社会科学版）》2013年第29卷第3期，第41-50页。

[4] 郑凡：《地中海的环境保护区域合作：发展与经验》，载《中国地质大学学报（社会科学版）》2016年第16卷第1期，第81-90页。

形成共同的政治意愿,推进区域经济一体化;共同利益升级体现在民心相通,这样的民心相通有利于区域内的身份认同,只有在经济动力强劲、政治上互信、身份上认同的利益共同体才可能升级为命运共同体。这种共同体不仅关乎在环境保护方面推动可持续交通与环境政策对接,更关乎在各方面密切联系各国推进可持续交通的社会和人文可持续性几个方面长期发展,在真正实现供需平衡可持续性、经济与财务的可持续性上具有保障性作用。

五通政策在民心相通方面,加强生态环保重点领域合作,深化环境污染治理合作。一是实施一批各方共同参与、共同受益的环境污染治理项目;二是建立生物多样性数据和信息共享平台,积极开展东南亚、南亚、青藏高原等生物多样性保护廊道建设示范项目;三是加强核与辐射安全合作,积极参与国际核安全体系建设。深入参与国际原子能机构、经合组织核能署等国际组织的各类活动,推动建立核与辐射安全国际合作交流平台,帮助有需要的国家提升核与辐射安全监管能力;四是加强生态环保科技创新合作,积极开展生态环保领域的科技合作与交流。充分发挥环保组织的作用,推动环保技术研发、科技成果的转移转化和推广应用。五是,推进环境公约履约合作。推进相关国家在"一带一路"建设中履行《生物多样性公约》《关于持久性有机污染物的斯德哥尔摩公约》等多边环境协定,构建环境公约履约合作机制,推动履约技术交流与南南合作。

专题十二：
"一带一路"对外投资中的投资认定问题研究——从"北京城建集团诉也门案"切入[*]

伴随"一带一路"倡议的加快实施，中国企业在海外承包工程业务量明显攀升。在"一带一路"对外投资中，铁路作为重要的交通基础设施之一，已成为国际产能合作的重要产业。与此同时，中国企业在交通基础设施投资中也日渐频繁地被卷入对外投资纠纷中。北京城建集团诉也门共和国案是中国交通基础设施对外投资的典型案件，也是第一起中国承包商因在海外承包项目引发纠纷，向国际投资争端解决中心（以下简称"ICSID"）提起仲裁请求的案件。2014年12月3日，ICSID受理北京城建集团仲裁请求。[①]继2017年3月15日至16日，仲裁庭举行了管辖权听证会后，[②]5月31日，仲裁庭对本案作出管辖权裁定，驳回了也门政府提出的大部分管辖异议。[③]据ICSID官方网站显示，2018年6月7日，该案已结案。笔者推断该案仲裁庭的管辖权裁定对于推动双方当事人和解具有积极作用。仲裁庭做出的管辖权裁定包含了国有企业投资者地位、工程承包是否属于适

---

[*] 本部分内容由西南交通大学公共管理学院法学系副教授张倩雯、北京康达（成都）律师事务所陈子阳和西南财经大学管理学博士研究生郑鹏撰写。
[①] Beijing Urban Construction Group Co. Ltd. v. Republic of Yemen, ICSID Case No. ARB/14/30，案件基本信息可参见 ICSID 官网：https://icsid.worldbank.org/en/Pages/cases/casedetail.aspx?CaseNo=ARB/14/30.
[②] Beijing Urban Construction Group Co. Ltd. v. Republic of Yemen, ICSID Case No. ARB/14/30, Decision on Jurisdiction, 31 May 2017 (hereinafter "Decision"), para.21.
[③] Decision, paras.146-147.

格投资、合同之诉和条约之诉、最惠国条款是否适用于程序性事项、征收补偿数额型仲裁条款的解释五项内容。其中，适格投资是对外投资获得双边投资协定保护的重要条件。本文拟围绕裁定中的工程承包是否属于适格投资的争议焦点问题，对仲裁庭在认定适格投资过程中选取的路径和采纳的标准进行分析。在我国大力推进"一带一路"倡议之际，对该案仲裁庭认定投资定义的进路进行研究有助于启发中国企业在"一带一路"沿线国家开展对外投资过程中采取合理方式应对投资法律风险，维护自身合法权益，并可为中国政府与沿线国家修订双边投资协定提供借鉴。

一、北京城建集团诉也门案中的投资定义问题

（一）案情概要

北京城建集团是一家依据中国法律注册、成立并有效存续的有限责任公司。2006年2月28日，北京城建集团在也门萨那国际机场新航站楼工程建设（第二期）竞标中胜出，遂与也门民航气象局签订建筑工程合同，由北京城建承担萨那国际机场新航站楼工程建设，其承包标的额约1.14亿美元。[①]北京城建集团诉称，自2009年7月起，由于也门政府动用武装力量和安全机构采取袭击和扣留北京城建雇员等非法手段，导致北京城建无法顺利推进合同履行。故北京城建集团向ICSID提起仲裁请求，主张也门政府非法剥夺了其在也门的投资。[②]此外，北京城建提出，若非也门政府的非法阻拦，其原本可以完成合同任务并获得一定利润。[③]

针对北京城建集团的仲裁请求，也门政府提出了一系列管辖权异议。鉴于也门政府是否非法剥夺了北京城建在也门的投资是本案的核心争议焦点，也门政府提出管辖权异议的重要主张之一便是：北京城建并未证明其主张是基于在也门的适格投资。[④]

---

① Decision, para.23.
② Decision, para.25.
③ Decision, para.26.
④ Decision, para.122.

也门政府主张，北京城建关于何时、如何开展何种投资的陈述均很模糊，甚至自相矛盾。也门政府的论述主要分为两个层面。首先，北京城建仅是一家单纯提供履约保证的建筑合同承包商，依据 Joy Mining 诉埃及案仲裁庭（以下简称"Joy Mining 案"）的认定，提供履约保证不属于适格投资。由此可见也门政府意图从根本上否定本案中存在适格投资。退一步讲，即使仲裁庭认定北京城建在也门进行了投资，也门政府继而主张，该投资既不符合《中华人民共和国政府和也门共和国政府关于鼓励和相互保护投资协定》（以下简称《中国-也门 BIT》）中"投资须符合东道国法律法规"的规定，即该投资不符合也门法律法规（"in accordance with the laws and regulations of Yemen"），也不符合投资应在也门"领土内"（"in the territory"）的规定。①

作为回应，北京城建主张该案是由于其在也门的适格投资引发的争端，无论依据《中国-也门 BIT》还是依据《关于解决国家与他国国民之间投资争议公约》（以下简称《华盛顿公约》或《公约》）都应认定本案中存在适格投资。一方面，北京城建的投资由涉案建筑合同项下的权利（以及北京城建为施工而进口的所有图纸、设备和材料，还有银行保函）组成，这符合《中国-也门 BIT》第 1 条第 1 款对"投资"的定义。另一方面，按照 Salini 诉摩洛哥案仲裁庭对投资的解释标准，该合同也属于《华盛顿公约》界定的投资。关于投资是否符合也门法律法规这一问题，北京城建主张也门法与本案无关，因为也门法律并未规定投资者注册投资的义务，因而未注册也不应引起投资者的法律责任。此外，无论按照合同要求，还是从事实上讲，北京城建的投资都是位于也门领土内的。②

（二）裁判要点

1. 适格投资与 ICSID 仲裁庭管辖权

北京城建诉也门案首先涉及仲裁庭的管辖权问题。《华盛顿公约》第 25

---

① Decision, para.122.
② Decision, para.123.

条第 1 款关于 ICISD 管辖权的规定如下：

"中心的管辖适用于缔约国（或缔约国向中心指定的该国的任何组成部分或机构）和另一缔约国国民之间直接因投资而产生并经双方书面同意提交给中心的任何法律争端。当双方表示同意后，任何一方不得单方面撤销其同意。"①

根据该条款规定，ICSID 仲裁解决的是"因投资而产生"的争议，故本案中是否存在投资是确定 ICSID 仲裁庭案件管辖权的基础，因而是本案的重要争议焦点。此外，本案争端当事方于 1998 年签订《中国-也门 BIT》。该协定于 2002 年生效，故适用于本案。根据《中国-也门 BIT》序言规定，该 BIT 所保护的对象是"在缔约另一方领土内的投资"。因此，无论根据《华盛顿公约》还是《中国-也门 BIT》的规定，北京城建是否在也门进行了投资都是决定本案仲裁庭是否具有管辖权的重要因素之一。

基于争端当事方各自的主张，仲裁庭的分析围绕本案中北京城建是否在也门具有适格投资这一问题展开，进而确定仲裁庭对本案的管辖权。

2.《华盛顿公约》第 25 条与双边投资协定中投资定义的适用关系

虽然《华盛顿公约》和《中国-也门 BIT》都规定条约适用以存在适格投资为前提，但是关于《华盛顿公约》和《中国-也门 BIT》对适格投资的定义之间具体适用关系这一问题，国际投资仲裁庭并未统一意见。当前主要有三种认定路径。根据"双锁眼路径"的要求，北京城建须证明其投资同时符合《华盛顿公约》和《中国-也门 BIT》对投资的界定。②

Malaysia Historical Salvors 诉马来西亚案仲裁庭采取的解释路径即为"单一路径"。具体而言，仲裁庭只依据案件适用的 BIT 中对投资的定义来认定对案件是否具有管辖权。③本案仲裁庭在权衡之后采取了一种相对折中的解释路径，即争端当事方在 BIT 中对"投资"的定义不应超出《华

---

① ICSID, Convention on the Settlement of Investment Disputes between States and Nationals of Other States, https://icsid.worldbank.org/en/Documents/icsiddocs/ICSID%20Convention%20English.pdf#search=icsid%20convention.
② Decision, para.126.
③ Decision, para.127.

盛顿公约》对投资的定义范围。

笔者认为，仲裁庭在认定《华盛顿公约》第 25 条和 BIT 中投资定义之间的适用关系这一问题时，没有采纳"双锁眼路径"，而是采取相对折中的解释路径具有合理性。"双锁眼路径"并不符合《公约》的"留白"之意。此外，无论基于《公约》精神还是在实际案件中，ICSID 仍有权拒绝对呈现非投资性质交易引起的争端行使管辖权。[①]通过第 25 条将《公约》中的投资定义和缔约双方意图界定的投资范围建立联系，这是《公约》立法技术的体现，而"单一路径"并未考虑《公约》所建立的这种联系。因此本案中仲裁庭采取的折中解释路径更为适当。

二、仲裁庭认定"投资"的路径选择

（一）采用"Salini"标准的合理性

既然仲裁庭选择了对"投资"的解释路径，接下来的问题则为《中国-也门 BIT》中对"投资"的定义是否超出了《华盛顿公约》第 25 条的规定范畴。为回答这一问题，需要明晰二者中"投资"的概念。根据《中国-也门 BIT》第 1 条对"投资"的定义，投资包括"债权和其他任何具有经济价值的行为请求权"。然而，根据《华盛顿公约》第 25 条第 1 款的表述，其中并未对何为"投资"进行界定。关于如何界定本案中北京城建在也门的投入是否构成"投资"，也门政府提出应沿袭 Joy mining 案仲裁庭的认定。Joy Mining 案核心争议之一为 Joy Mining 公司缴纳的合同金额 97%的银行保证金是否构成《英国-埃及 BIT》第 1 条项下的"投资"。[②]该案仲裁庭在考察保证金性质后，认为银行保证金仅为一种或然债务（"contingent

---

[①] 在 Asian Express v. Greater Colombo Economic Commission 案中，ICSID 秘书长拒绝了登记一项有关货物销售争端的仲裁请求，参见 Moshe Hirsch, *Arbitration Mechanism of the International Center for the Settlement of Investment Disputes*, Kluwer Academic Publishers, 1993, pp.59-60.

[②] Joy Mining Machinery Limited v. The Arab Republic of Egypt, ICSID Case No. ARB/03/11, Award on Jurisdiction, 6 August 2004, para.42.

liability"），因而不属于投资。①因此 Joy Mining 案和北京城建诉也门案的争议标的全然不同，本案不可适用 Joy Mining 案仲裁庭对银行保证金不构成投资的认定。或许因为意识到了两案中争议标的的本质差异，本案仲裁庭直接略过了与 Joy Mining 案的对比分析，没有接受也门政府这一管辖权异议。

由于各仲裁庭的认识难以达成共识，因而目前国际投资仲裁实践在认定投资的标准上存在分歧。本案仲裁庭依据《维也纳条约法公约》第 31 条，"按其上下文并参照条约之目的及宗旨所具有之通常意义"，对《华盛顿公约》第 25 条第 1 款进行解释，②选择了 Salini 诉摩洛哥案仲裁庭对"投资"的解释标准。仲裁庭提到，"Salini 标准"虽然未必得到普遍（"universally"）认可，但也是被广泛（"widely"）接受的。③

根据以上陈述，"Salini 标准"提出适格投资应当满足四个要件：第一，须有资本或其他资源的投入（"a contribution"）；第二，经济运行须持续一段时间（"a certain duration of the economic operation"）；第三，投资者须承担东道国主权干预带来的风险（"the existence of a risk of sovereign intervention assumed by the investor;"）；第四，对东道国经济发展有意义（"a contribution to the host State's economic development"）。④而第一个要件中的"投入"并非必须是财产性投入，有的仲裁庭认为基于资源投入的技术或设备的转移在具有经济价值的前提下也符合该定义。⑤以上四个要素是相互依赖的，故应当从整体上予以考量。⑥

通过比较《中国-也门 BIT》和《华盛顿公约》对投资的定义，仲裁庭

---

① Joy Mining Machinery Limited v. The Arab Republic of Egypt, ICSID Case No. ARB/03/11, Award on Jurisdiction, 6 August 2004, para.44.
② Decision, para.129.
③ Decision, para.130.
④ Salini Construttori S.p.A. and Italstrade S.p.A. v. Kingdom of Morocco, ICSID Case No. ARB/00/4, Decision on Jurisdiction, 23 July 2001, paras.53-54.
⑤ Bayindir Insaat Turizm Ticaret Ve Sanayi A.Ş. v. Islamic Republic of Pakistan, ICSID Case No. ARB/03/29, Decision on Jurisdiction, 14 November 2005, para.131.
⑥ Salini Costruttori S.p.A. and Italstrade S.p.A. v. Kingdom of Morocco, ICSID Case No. ARB/00/4, Decision on Jurisdiction, 23 July 2001, para.52.

认定:《中国-也门 BIT》第 1 条对"投资"的定义并未超出《华盛顿公约》对"投资"的定义范畴。北京城建对萨那国际机场新航站楼工程项目的投入使其可主张"具有经济价值的行为请求权",符合《中国-也门 BIT》第 1 条第 3 款的界定,这已足以判定仲裁庭对申请方主张的管辖权。①

即使适用"Salini 标准",北京城建在也门的投入也构成适格投资。首先,毫无疑问北京城建在萨那国际机场新航站楼工程建设过程中进行了资本或其他资源的投入。而这种投入也很明显地将投资者北京城建置于被也门政府主权干预的风险以及其它商业风险之中。②此外,建筑合同的执行必然持续一段较长期间,这也会使投资者面临一定风险。③最后,萨那国际机场新航站楼工程耗资逾百万美元,这无疑有助于也门的经济发展。④由此,仲裁庭得出结论:无论对比"投资"的定义,还是适用"Salini 标准",都可认定北京城建在也门具有符合《华盛顿公约》第 25 条第 1 款和《中国-也门 BIT》第 1 条第 1 款定义范围的投资,该投资应该受到保护。⑤

本案仲裁庭在认定投资这一问题上采"Salini 标准"具有合理性。迄今的仲裁庭案例中尚未发展出认定投资的统一标准。由于各仲裁庭的认识难以达成共识,因而在认定投资的标准上存在分歧,甚至存在相互冲突的做法。⑥LESI-Dipenta 案仲裁庭采三要素标准,⑦本案仲裁庭采纳的"Salini 标准"认为有四个要素。知名学者 Christoph H. Schreuer 提出"五要素说",被 Joy Mining 案和 HIH 案的仲裁庭采纳。⑧而 Phoenix 案仲裁庭采六要素标准。⑨各仲裁庭认定投资标准的多样化导致难以预测仲裁庭未来的裁定

---

① Decision, para.136.
② Decision, para.136.
③ Toto Construzioni Generali S.p.A. v. Republic of Lebanon, ICSID Case No. ARB/07/12, Decision on Jurisdiction, 11 September 2009, para.78.
④ Decision, para.137.
⑤ Decision, para.137.
⑥ Saba Fakes v. Turkey, ICSID Case No. A/07/20, Award of 14 July 2010, para. 97.
⑦ Consortium Groupement LESI-Dipenta v. People's Democratic Republic of Algeria, ICSID Case No. ARB/03/8, Award, 10 January 2005, para.II.13 (iv).
⑧ Joy Mining Machinery Limited v. The Arab Republic of Egypt, ICSID Case No. ARB/03/11, Award on Jurisdiction, 6 August 2004, para.53. Helnan International Hotels A/S v. Arab Republic of Egypt, ICSID Case No. ARB/05/19, Decision of the Tribunal on Objections to Jurisdiction, 17 October 2006, para.77.
⑨ Phoenix Action Ltd v. Czech Republic, ICSID Case No. ARB/06 /5, Award, 15 April 2009, para.114.

方向。①在这些标准中，本案仲裁庭适用的"Salini 标准"相对而言被广泛采纳，已为许多案件所确认。此外，本案中的建筑工程合同与 Salini 诉摩洛哥案中的高速公路建设合同有一定相似性，故仲裁庭采"Salini 标准"既在意料之中，也在情理之中。

但值得注意的是，学界和仲裁界对于"Salini 标准"的适用存在一定争议，在近年来"Salini 标准"不断遭受抨击和挑战。在适用依据方面，Biwater 诉坦桑尼亚案仲裁庭认为，"Salini 标准"既非《华盛顿公约》规定，也不具有法律强制力，因此没有必要对其生搬硬套。②Abaclat and Others 诉阿根廷案仲裁庭认为，"Salini 标准"不应当设定《华盛顿公约》和缔约双方并未意图设置的界限。③在适用效果方面，仲裁员 Devashish Krishnan 认为"Salini 标准"很大程度上使交易范围变得狭隘。依据该标准的界定，只有直接投资可被视作符合《公约》的投资定义，而间接投资则不算，这是与《华盛顿公约》的文义解释相违背的。④Biwater 诉坦桑尼亚案仲裁庭认为通过四项特征来界定投资的方式过于僵化，不够灵活，可能导致认定结果与条约规定的冲突。⑤在适用方法方面，Joy mining 诉埃及案等仲裁庭认为"Salini 标准"在案件具体适用中存在一定程度的不明晰之处，因而需要因具体案情而异进行整体评估。⑥鉴于学界对"Salini 标准"存在一定质疑，本案仲裁庭对"Salini 标准"的适用有可能引起被申请方的质疑。

---

① R. Dolzer, 'The Notion of Investment in Recent Practice', in S. Charnovitz, D. Steger & P. Van Den Bossche (eds.), Law in the Service of Human Dignity: Essays in Honor of Florentino Feliciano (2005) 261-275 at 275.
② Biwater Gauff (Tanzania) Limited v. United Republic of Tanzania, ICSID Case No. ARB/05/22, Award, 24 July 2008, para.312.
③ Abaclat and Others v. Argentine, Decision on Jurisdiction, Aug. 4, 2011, para.364.
④ D Krishnan, 'A notion of ICSID investment' (2009) 6 Oil, Gas and Energy Law journal 4.
⑤ Biwater Gauff (Tanzania) Limited v. United Republic of Tanzania, ICSID Case No. ARB/05/22, Award, 24 July 2008, para.314.
⑥ Joy Mining Machinery Ltd v Egypt Case No ARB/03/11 (ICSID), Award (6 August 2004), para 53; Bayindir Insaat Turizm Ticaret VeSanayi AS v Islamic Republic of Pakistan Case No ARB/03/29 (ICSID), Decision on Jurisdiction (14 November 2005) at para 130; LESI/Dipenta v Algeria, Award (10 January 2005) at para. 13.

(二)"投入"(contribution)的认定

笔者注意到,仲裁庭在管辖权裁定中并没有讨论北京城建在建设工程项目中具体投入了什么,也没有对为什么北京城建对工程项目的投入使其可主张"具有经济价值的行为请求权"展开论证。如前文所述,这里"具有经济价值的行为请求权"体现在《中国-也门BIT》第1条对"投资"的定义中。因此,何种具有经济价值的投入构成投资,因而使投资者获得请求权是问题关键。笔者通过对比另外两个同样涉及工程建设合同争端的案件Salini诉摩洛哥案和Bayindir诉巴基斯坦案进行分析。

在"Salini标准"的各项要件中,"须有资本或其他资源的投入"("contribution")似乎是最为核心且得到系统性证实的要件。①对比涉及高速公路建设合同的Salini诉摩洛哥案或许可以提供一定借鉴。该案仲裁庭认为,毫无疑问Salini公司为完成建设使用了其专业技术,提供了必要的设备和具有资质的人员,因此Salini公司以金钱、实物和技术产业的方式对项目具有"投入"("contribution")。②

另一可用于对比的案件是同样涉及高速公路建设合同争端的Bayindir诉巴基斯坦案。该案中《土耳其-巴基斯坦BIT》对"投资"的定义和《中国-也门BIT》第1条第3项有相似之处,即"对金钱或其它具有和投资相关经济价值合法行为的请求权"。③该案仲裁庭认为,Bayindir公司为高速公路建设项目而培训的63名工程师,以及投入的设备、人员都具有一定经济价值,符合《土耳其-巴基斯坦BIT》项下对"投资"的定义。④

---

① Pierre-Emmanuel Dupont, "The Notion of ICSID Investment: Ongoing 'Confusion' or 'Emerging Synthesis'?", 12 J. *World Investment & Trade* 245 2011, 256.
② Salini Costruttori S.p.A. and Italstrade S.p.A. v. Kingdom of Morocco, ICSID Case No. ARB/00/4. Decision on Jurisdiction, 23 July 2001, para.52.
③ 1995年《土耳其-巴基斯坦BIT》第1条第2款的表述为:"投资……包括但不限于…… (b) returns reinvested, claims to money or any other rights to legitimate performance having financial value related to an investment", online: http://investmentpolicyhub.unctad.org/Download/TreatyFile/2135.
④ Bayindir Insaat Turizm Ticaret VeSanayi AS v Islamic Republic of Pakistan Case No ARB/03/29 (ICSID), Decision on Jurisdiction (14 November 2005) at paras. 115-116.

鉴于本案仲裁庭提到具有经济价值的技术或设备转移也符合"Salini标准"的"投入"要件,[①]故笔者推测本案仲裁庭认定北京城建的"投入"包括但不限于其在机场建设项目中的技术和设备转移,这些具有经济价值的"投入"使北京城建具有了行为请求权。

三、对中国投资者的启示与借鉴

(一)仲裁庭扩张解释背景下的投资路径构建

大量的国际投资仲裁庭对投资的界定存在扩张趋势,[②]例如 Pope and Talbot 诉加拿大案将"货物贸易"纳入投资范围,Eureko 诉波兰案将"源于股份的权利债务"纳入投资范围,Romak 案仲裁庭放弃了"Salini 标准"中的"须有资本或其他资源的投入"("a contribution")这一核心要件。国际投资仲裁庭扩大管辖权的做法导致缔约各国纷纷对投资者-东道国争端解决机制产生质疑。一方面,许多国家纷纷退出《华盛顿公约》:2007 年玻利维亚退出,2009 年厄瓜多尔退出,2012 年委内瑞拉向世界银行递交了退出《华盛顿公约》的书面通知。另一方面,一些国家开始终止其缔结的双边投资协定。2015 年,印度尼西亚政府终止了其缔结的 8 个双边投资协定的效力,其中包括 1995 年《中国-印尼双边投资协定》。[③]现有的投资协定仲裁机制被诟病为一个有害于国家主权的不对称的法律体制。[④]以 Sornarajah 为代表的学者提出国际投资法体系正遭遇"正当性危机"。[⑤]在

[①] Decision, para.132.
[②] 参见朱文龙:《国际投资领域投资定义的发展及对中国的启示》,《东方法学》2014 年第 2 期,第 152-160 页;赵骏:《国际投资仲裁中"投资"定义的张力和影响》,载《现代法学》2014 年第 3 期,第 163 页。
[③] 详细资料可参见 UNCTAD 数据库,http://investmentpolicyhub.unctad.org/.
[④] See note 7, Charles N. Brower, Stephan W. Schill, p.475.
[⑤] See M. Sornarajah, "A Coming Crisis: Expansionary Trends in Investment Treaty Arbitration", in Karl P. Sauvant, ed, *Appeals Mechanism in International Investment Disputes*, Oxford: Oxford University Press (2008), pp.39-45; Susan D. Franck, "The Legitimacy Crisis in Investment Treaty Arbitration: Privatizing Public International Law through Inconsistent Decisions", 73 *Fordham Law Review* (2005), p.1523.

此背景下，本案仲裁庭对投资的解释路径呈现抑制 ICSID 管辖权，严格限制适格投资的倾向，实为仲裁庭在平衡投资者与东道国利益，化解投资者-东道国争端解决机制"正当性危机"所做的努力。具体而言，本案仲裁庭界定"投资"所采路径包含两方面内容。

一方面，关于《华盛顿公约》和《中国-也门 BIT》对适格投资的定义之间具体适用关系这一争议焦点，本案仲裁庭采相对折中的"双锁眼路径"解释路径，即争端当事方在 BIT 中对"投资"的定义不应超出《华盛顿公约》对投资的定义范围。这既符合《公约》立法精神，也与 ICSID 仲裁实践一致。而中国投资者开展海外投资时，往往较为关注投资目的地国内相关外资立法，而对国际条约中的投资定义重视不够。并且由于此前 ICSID 仲裁庭通过扩大投资定义扩张管辖权的做法，可能使得部分投资者在对外投资时放松警惕，轻视投资定义的重要性。在目前仲裁庭倾向于采纳"双锁眼路径"界定投资的背景下，投资企业在投资筹划时应兼顾《华盛顿公约》和中国与其投资目的地国缔结的中外双边投资协定中的"投资"定义。

另一方面，关于如何认定北京城建所采行为是否符合《华盛顿公约》第 25 条中的"投资"定义这一问题，本案仲裁庭仍旧采"Salini 标准"。由于"Salini 标准"存在适用依据、适用效果、适用方法上的限制，因此仲裁庭这一做法可能会在其后的审理中会受到也门方面的异议。虽然国际投资仲裁界围绕"Salini 标准"应当严格适用还是宽泛适用这一问题抱有不同看法，但是"Salini 标准"确立的判断投资外部界限的方法在投资仲裁中仍被普遍适用。我国投资者在对外开展投资时，应当充分重视"Salini 标准"的四要件，尤其是"资本或其他资源的投入"（"a contribution"）和"对东道国经济发展有意义"（"a contribution to the host State's economic development"）这两个要件，重在建立与东道国工程承包项目建设的联系，及时保留对东道国项目投入金钱、实物、人力和技术产业的证据。

（二）投资应符合双边投资协定中的投资限定条件

留心也门政府提出的管辖权异议内容便可发现，其提出的投资议题的抗辩理由包括"投资不符合东道国法律法规"和"投资不位于也门'领土内'"。①此外，本案中关于最惠国待遇的议题中也提到该条款与"领土内"的关系。其后，仲裁庭在裁决分析部分也肯定了受保护的投资须在条约界定的领土内，②这都反映出与投资定义有关的限制条件正日趋得到重视。大量 BIT 在定义"投资"时都要求投资应当位于东道国的"领土内"且"符合东道国法律法规"，③但直到近年来这两项与投资定义有关的限制条件才因投资争端中被申请方的抗辩开始受到密切关注。

从字面上观察，投资应当"符合东道国法律法规"来源于 BIT 条款的规定。而从法律渊源的角度看，它被视为源于国际公法对合法性（"legality"）和善意原则（"good faith"）的要求。④国际投资保护机制的设立宗旨在于保护合法的、善意的投资，因此无论是违反东道国法律的投资，抑或基于隐匿、腐败等滥用国际投资仲裁机制的投资都不应被纳入保护之列。⑤仲裁实践中，自 2001 年"Salini 诉摩洛哥案"后，仲裁庭在管辖权阶段，会实质性地考察投资是否"符合东道国法律"这一问题。⑥其后的仲裁实践中进一步考察了"符合东道国法律"要求的性质、"东道国法律"的范围以及确立"符合东道国法律"要求的标准等相关要素。⑦虽然本案仲裁庭并未对被申请方提出的"北京城建的投资不符合也门法律法规"这一理由展开分析，但投资应当符合东道国法律法规正在仲裁实践中日益受到重视，并成为被

---

① Decision, para.122.
② Decision, para.134.
③ 例如《德国-菲律宾双边投资条约》第 1 条第 1 款的投资定义条款中对"符合东道国法律"要求作了规定。
④ Pierre-Emmanuel Dupont: "The Notion of ICSID Investment: Ongoing 'Confusion' or 'Emerging Synthesis'?", 12 J. *World Investment & Trade* 245 2011, 258.
⑤ Phoenix Action Ltd v. Czech Republic (lCSID Case No. ARB/06/5), Award, 15 April 2009, para.100, paras.101-113.
⑥ Christina Knahr, "Investment 'in accordance with host state law'", *Transnational Dispute Management*, 2007, 4 (5).
⑦ 详细论述参见：王璐：《论投资条约中的"符合东道国法律"要求——兼论我国在中美投资条约谈判中的立场选择》，载《法商研究》2013 年第 1 期，第 120 页。

申请方的抗辩理由之一。

　　本案中也门政府的另一抗辩理由是北京城建的投资不位于也门"领土内",①反映出适格投资应当位于东道国"领土内"也正在成为认定投资能否受到 BIT 保护的重要条件之一。定义该用语并非为了划定缔约双方的领土范围,而在于实现 BIT 保护投资的目的,将位于缔约方领海之外海域的投资视为位于缔约方"领土"之内。②但是,"领土内"是一个模糊的概念,不少 BIT 并未对"领土"进行准确界定,由此引发了不少国际投资争端。③在仲裁实践中,自"Bayview 诉墨西哥案"开始,已有多个案件涉及投资者是否在东道国"领土内"投资的问题。④因此,无论是我国政府缔结双边投资协定还是企业在对外缔结合同时,都应谨慎明晰此类与投资定义有关的限制条件的内涵和外延。此外,对外投资企业在开展投资的不同阶段中,都应更加重视其行为符合 BIT 中此类与投资定义有关的限制条件的要求,例如投资应当符合东道国法律法规等。

四、结语

　　党的十九大报告把"一带一路"建设和实施共建"一带一路"倡议作为经济建设和全方位外交布局的重要组成部分。对外承包工程是我国企业在"一带一路"沿线国家对外开展投资的重要方式。十三五时期,我国与沿线各国共建"一带一路"成果丰硕。在十四五时期扎实推进"一带一路"倡议的背景下,可以预见我国企业的对外投资额还将进一步增长。但在我国企业的对外投资中,相当部分流向了法规不健全、政治风险较高的国家

---

① Decision, para.122.
② UNCTAD, *Bilateral Investment Treaties 1995-2006: Trends in Investment Rulemaking*, United Nations Publications, 2007, p.17.
③ Christina Knahr, "Investment 'in the Territory' of the Host State", in Christina Binder ed., *International Investment Law for the 21st Century: Essays in Honour of Christoph Schreuer*, New York: Oxford University Press, 2009.
④ 详细论述参见:张倩雯:《国际投资仲裁中的"领土"问题研究及对我国投资仲裁实践的启示》,载《国际经济法学刊》2016 年第 23 卷第 1 期,第 82-103 页。

和地区，因此企业承担的风险和遭受损失的可能性也较高，故保障我国海外资产安全已成为我国政府刻不容缓的任务。北京城建集团诉也门共和国案是中国承包商因在海外承包项目引发纠纷的"第一案"。在中国平安诉比利时政府的管辖权请求被仲裁庭驳回后，北京城建诉也门政府案管辖权裁定为中国企业开展海外投资打了一针"强心剂"。只要中国投资者在对外投资中重视国际投资法规则，明晰国际投资仲裁庭在裁决中的解释路径，提前做好路径规划和风险防控，在争端发生后积极研究和选择有利的国际法规则，定能及时维护我国企业及其海外工程项目的合法权益。

参考文献

一、著作

[1] [德]乌尔里希·贝克. 风险社会：新的现代性之路[M]. 何博闻，张文杰，译. 南京：译林出版社，2018.

[2] [奥]凯尔森. 法与国家的一般理论[M]. 沈宗灵，译. 北京：中国大百科全书出版社，1996.

[3] 王秉，吴超. 安全文化学[M]. 北京：化学工业出版社，2021.

[4] 中国社会科学院语言研究所词典编辑室. 现代汉语词典[M]. 6版. 北京：商务印书馆，2012：530.

[5] 李素英. 新形势下PPP模式在基础设施项目建设中的应用研究[M]. 北京：中国言实出版社，2016.

[6] 李爱华，王虹玉，侯春平，张冠男. 环境资源保护法[M]. 北京：清华大学出版社，2017.

[7] 彭扬华. 轨道交通法律法规[M]. 北京：中国铁道出版社，2014.

[8] 杜彦良，杜立杰，等. 全断面岩石隧道掘进机：系统原理与集成设计[M]. 武汉：华中科技大学出版社，2011.

[9] 海关总署国际翻译司. 欧盟海关法典[M]. 北京：中国海关出版社，2016.

[10] 李仁玉，刘凯湘. 契约观念与秩序创新[M]. 北京：北京大学出版社，1993.

[11] 贺万忠. 国际货物多式运输法律问题研究[M]. 北京：法律出版社，2002.

[12] 陈安. 国际投资争端仲裁"解决投资争端国际中心"机制研究[M]. 上海：复旦大学出版社，2001.

[13] GARNER B A. Black's law dictionary [M]. 10th ed. St. Paul：Thomson Reuters，2014.

[14] YOUNG ORAN R. The effectiveness of international environment regimes：causal connections and behavioral mechanisms[M] Cambridge，Mass.：MIT Press，1999.

[15] ALEXANDER VON ZIEGLER. The Rotterdam rules 2008[M]. New York：Wolters Kluwer Law & Business Press，2010.

[16] BERLINGIERRI F. Multimodal aspect of the Rotterdam Rules[M]. Oxford：Oxford University Press，2011.

[17] DOLZER R，SCHREUER C. Principles of international investment law [M]. Oxford：Oxford University Press，2008.

[18] SORNARAJAH M. A coming crisis：expansionary trends in investment treaty arbitration[M]// KARL P SAUVANT，ed. Appeals mechanism in International investment disputes. Oxford：Oxford University Press，2008.

[19] LI ZHANG. Trust crisis and building trust in transboundary water cooperation along the Lancang-Kekong River[M]// STEWART MART A, COCLANIS PETER A. Water and power. Springer，2018：235-251.

[20] MIKIO OISHI. Introduction: current conflicts in southeast Asia and their management in the region's globalization [M]//Managing conflicts in a globalizing ASEAN. Springer，2019：1-15.

二、期刊论文

[1] 王伯承，张广利. 新时代特大城市地铁安全风险的社会学解析[J]. 中州学刊，2020(1)：87-94.

[2] 戴贤春，焦志恒，李子华，刘敬辉. 铁路旅客安检系统现状及发展研究[J]. 铁道技术监督，2016，44(1)：1-5, 9.

[3] 王志刚. 中美铁路安全法规制度比较及借鉴[J]. 中国安全科学学报，2018，28(S2)：11-16.

[4] 亐道远, 冯兆蕙. 高速铁路安全共建共治共享的法治化治理路径[J]. 河北法学, 2019, 37(6): 122-137.

[5] 韩春晖, 盛泽宇. 协同执法: 铁路安全监管体制变革之维[J]. 行政管理改革, 2018(10): 69-74.

[6] 栾志红. 铁路安全的行政法规制: 经验与借鉴[J]. 北京交通大学学报(社会科学版), 2021, 20(1): 156-164.

[7] 陈世华. 论民众安全教育与社会安全文化建设[J]. 劳动保护, 2021(11): 51-53.

[8] 左大杰, 黄蓉. 铁路改革: 历史方位、关键问题与突出任务[J]. 综合运输, 2019, 41(1): 27.

[9] 程亮生, 李素琴. 《铁路安全管理条例》立法评析与修改建议[J]. 山西省政法管理干部学院学报, 2018, 31(2): 40-42.

[10] 李艳, 李玲芳, 朱成全. 我国高铁安全管理存在的法律问题及对策[J]. 山西省政法管理干部学院学报, 2015, 28(4): 24-27.

[11] 王建国, 钟贤. 铁路法规体系研究与探讨: 用法治思维促进铁路可持续安全发展[J]. 铁道经济研究, 2015(6): 38-44.

[12] 田根哲. 加强铁路法制建设 促进铁路跨越式发展[J]. 中国铁路, 2006(8): 1-6, 82.

[13] 关宁宁, 张长青. 国外高速铁路安全立法及其启示[J]. 铁道经济研究, 2012(2): 11-15.

[14] 周甜甜. 铁路黑名单的法律规制[J]. 怀化学院学报, 2019, 38(4): 71-76.

[15] 邹开亮, 彭洁璇. 民航旅客"黑名单"制度的法律思考[J]. 淮海工学院学报(人文社会科学版), 2016, 14(10): 29-32.

[16] 高志宏. 我国民航旅客黑名单的三元体系及其救济途径[J]. 法学杂志, 2020, 41(4): 32-41.

[17] 范伟. 行政黑名单制度的法律属性及其控制: 基于行政过程论视角的分析[J]. 政治与法律, 2018(9): 93-104.

[18] 倪寿明. 公布"失信者黑名单"的三重价值[J]. 中国党政干部论坛, 2013(12): 62.

[19] 柏凌，秦岭. 基于黑名单管理的社会监督稳定机制理论研究[J]. 云南行政学院学报，2016，18(5)：115-119.

[20] 高志宏，吴雨歌. 民航旅客黑名单正当程序制度研究[J]. 江苏社会科学，2022(4)：175-185，244.

[21] 王丽娜. 行政黑名单救济机制的困境与破解[J]. 河南师范大学学报(哲学社会科学版)，2019，46(2)：52-59.

[22] 张长青，项肆. 铁路旅客黑名单制度的问题分析与破解[J]. 北京交通大学学报(社会科学版)，2019，18(4)：162-166.

[23] 秦岭，柏凌. 博弈论视角下的黑名单制度分析[J]. 学海，2017(6)：174-176.

[24] 我国拟建食品安全黑名单[J]. 中国食品学报，2013，13(12)：33.

[25] 程艳霞. 民航旅客黑名单二元制度构建研究[J]. 北京航空航天大学学报(社会科学版)，2022，35(4)：129-135.

[25] 王顺. "黑名单"制度法律属性探究及其行政法规制：以《上海市单用途预付消费卡管理规定》第25条为视角[J]. 东南大学学报(哲学社会科学版)，2019，21(S1)：88-93.

[27] 王丽娜. 行政黑名单移除制度的审视与完善[J]. 中州学刊，2020(3)：66-71.

[28] 江利红. 行政过程的阶段性法律构造分析：从行政过程论的视角出发[J]. 政治与法律，2013(1)：140-154.

[29] 张冉. 中国社会组织黑名单制度研究：价值分析、现实困境与建构路径[J]. 情报杂志，2017，36(1)：66-71.

[30] 李明超. 行政"黑名单"的法律属性及其行为规制[J]. 学术研究，2020(5)：73-77.

[31] 柳光强. 建立健全PPP法律保障机制的探讨[J]. 中国财政，2017(10)：43-44.

[32] 蔡宗珍. 从给付国家到担保国家：以国家对电信基础需求之责任为中心[J]. 台湾法学杂志，2009(122)：46.

[33] 杨彬权. 论国家担保责任：担保内容、理论基础与类型化[J]. 行政法学研究，2017(1)：75-89.

[34] 胡改蓉. PPP模式中公私利益的冲突与协调[J]. 法学，2015(11)：30-40.

[35] 王利明：界定公共利益：物权法不能承受之重[N]. 法制日报， 2006-10-21(004).

[36] 王春业. 行政协议司法解释对 PPP 合作之影响分析[J]. 法学杂志，2020，41(6)：59-68.

[37] 王江. 环境监理：形成逻辑、法制缺失与立法构想[J]. 云南社会科学，2013(5)：139-143，148.

[38] 韩丽源，白晓军，宋珺. 铁路项目施工期弃土（渣）场的环境监理要点[J]. 铁路节能环保与安全卫生，2017，7(6)：284-286.

[39] 姜海波，孙健. 环保管理制度的创新：环境监理制度在青藏铁路格拉段施工期的探索[J]. 铁道劳动安全卫生与环保，2008(1)：9-12.

[40] 陈泽昊，孙健，周铁军. 建设环保齐步走：青藏铁路环境监理实践[J]. 环境保护，2009(19)：57-59.

[41] 郭二民，鲜国，李传富，赵栋，涂为民，张泽乾. 成兰铁路施工期环境管理模式[J]. 环境影响评价，2015，37(2)：13-17.

[42] 王江. 环境监理：形成逻辑、法制缺失与立法构想[J]. 云南社会科学，2013(05)：139-143，148.

[43] 包苏日古格，锡林哈斯. 我国工程建设项目环境监理发展存在问题及未来发展趋势[J]. 环境与发展，2019，31(10)：251，253.

[44] 谭民强，步青云，蔡梅，等. 关于建立工程环境监理制度的问题分析与对策探索[J]. 环境保护，2009(8)：60-63.

[45] 石楠. 环境风险防控中的行政裁量[J]. 黑龙江省政法管理干部学院学报，2021(2)：56-61.

[46] 王燕飞. "一带一路"视域下新疆生态环境风险防控论[J]. 河北地质大学学报，2019，42(2)：83-88.

[47] 毕军，马宗伟，刘苗苗，等. 我国环境风险管理的现状与重点[J]. 环境保护，2017，45(5)：14-19.

[48] 孙佑海. 环境风险防控，是不是该立法了?[J]. 环境经济，2015(Z8)：14-15.

[49] 冯子轩. 将环境风险防控机制嵌入行政决策[J]. 群众，2017(4)：60-61.

[50] 张加奇. 铁路外部环境安全隐患治理对策[J]. 中国铁路，2020(2)：66-69.

[51] 李丹. 突发环境事件应对立法问题研究[J]. 江苏大学学报(社会科学版)，2016，18(5)：32-39.

[52] 王浩，曾子为. 论预防式社会性监管：以化工行业风险监管为例[J]. 理论与改革，2020(5)：97-114.

[53] 于鲁平. 论风险预防原则在海岸带综合管理中的应用[J]. 前沿，2014(Z7)：95-96.

[54] 王燕飞. "一带一路"视域下新疆生态环境风险防控论[J]. 河北地质大学学报，2019，42(2)：83-88.

[55] 符志友，张衍燊，冯承莲，等. 我国水环境风险管理进展、挑战与战略对策研究[J]. 环境科学研究，2021，34(7)：1532-1541.

[56] 冯子轩. 将环境风险防控机制嵌入行政决策[J]. 群众，2017(4)：60-61.

[57] 王成虎，高桂云，杨树新，等. 基于中国西部构造应力分区的川藏铁路沿线地应力的状态分析与预估[J]. 岩石力学与工程学报，2019，38(11)：2242.

[58] 宋章，张广泽，蒋良文，等. 川藏铁路主要地质灾害特征及地质选线探析[J]. 铁道标准设计，2016，60(1)：14-19.

[59] 刘卓. 川藏铁路全断面掘进机穿越断层破碎带隧道施工研究[J]. 中国工程机械学报，2019，17(3)：263.

[60] 王彦杰，李苍松，等. 川藏铁路隧道主要不良地质 TBM 适应性分析及施工关键技术[J]. 隧道建设，2021，41(7)：470.

[70] 王阿利. 川藏铁路道岔关键技术的研究[J]. 山西建筑，2021,47(16)：111.

[71] 李英男，李铸国，王晓翔，等. 道岔尖轨表面的激光熔覆铁基耐磨涂层及其性能[J]. 中国激光，2020，47(4)：130-140.

[72] 李小伟. 科技创新法律问题研究[J]. 苏州大学学报，2005(1)：32-34.

[73] 金永祥. 铁路运输企业科技创新知识产权管理研究[J]. 中国铁路，2020(5)：63-68.

[74] 雷四兰，钟荣丙. 技术创新中知识产权保护存在的问题和对策[J]. 湖南科技学院学报，2005(10)：220-222.

[75] 董保华. 论劳务派遣立法中的思维定势[J]. 苏州大学学报(哲学社会科学版)，2013，34(03)：50-60+191.

[76] 王全兴，侯玲玲. 劳动关系双层运行的法律思考：以我国的劳动派遣实践为例[J]. 中国劳动，2004(4)：18-21.

[77] 董保华. 论非标准劳动关系[J]. 学术研究，2008(7)：50-57.

[78] 杨跃明，刘奎强，应丹琳，等. 油气企业劳务派遣用工的法律风险及防控[J]. 天然气工业，2014，34(11)：141-147.

[79] 王长新. 铁路劳务派遣用工的法律风险探讨[J]. 郑州铁路职业技术学院学报，2015，27(4)：122-125.

[80] "人类命运共同体与国际法"课题组，黄惠康，何志鹏，等. 人类命运共同体的国际法构建[J]. 武大国际法评论，2019，3(01)：1-28.

[81] 杨临萍. "一带一路"背景下铁路提单与铁路运单的协同创新机制[J]. 中国法学，2019(6)：66-85.

[82] 徐坚. 逆全球化风潮与全球化的转型发展[J]. 国际问题研究，2017(3)：1-15，125.

[83] 古祖雪. 现代国际法的多样化、碎片化与有序化[J]. 法学研究，2007(1)：135-147.

[84] 张永坚. 仍不应被忽视的《国际货物多式联运公约》[J]. 中国海商法研究，2018，29(4)：81-86.

[85] 胡正良，赵阳. 国际货物多式联运经营人责任制度研究[J]. 大连海事大学学报(社会科学版)，2002(Z1)：6-11.

[86] 石静霞. "一带一路"倡议与国际法：基于国际公共产品供给视角的分析[J]. 中国社会科学，2021(1)：156-179，207-208.

[87] 杨悦，李福建. 东盟学者眼中的"一带一路"[J]. 世界知识，2019(10)：36-37.

[88] 王睿. 澜湄合作与"国际陆海贸易新通道"对接：基础、挑战与路径[J]. 国际问题研究，2020(6)：115-132，139.

[89] 曾文革，江莉. 《贸易便利化协定》视域下我国海关贸易便利化制度的完善[J]. 海关与经贸研究，2016，37(1)：1-9.

[90] 宋军. 强制性认证制度对我国出口东盟企业的影响及应对策略[J]. 对外经贸实务，2018(6)：44-47.

[91] 杨良宜. 预期利益损失与信赖利益损失[J]. 中国海商法年刊, 2011, 22(1): 8-19.

[92] 陈玉梅. 对我国多式联运中承运人立法完善的若干思考[J]. 求索, 2010(8): 160-162.

[93] 李志文, 吕琪. "一带一路"战略下对我国多式联运立法建构的思考[J]. 法学杂志, 2016, 37(4): 57-64.

[94] 司玉琢, 李天生. 中国海法典编纂论纲[J]. 中国海商法研究, 2015, 26(3): 3-15, 46.

[95] 张晓君, 胡劲草. 国际陆海贸易新通道跨境铁路运输规则现状、问题与完善[J]. 国际商务研究, 2020, 41(3): 67-75.

[96] 徐崇利. 全球治理与跨国法律体系：硬法与软法的"中心—外围"之构造[J]. 国外理论动态, 2013(8): 19-28.

[97] 何志鹏, 申天娇. 国际软法在全球治理中的效力探究[J]. 学术月刊, 2021, 53(1): 103-116.

[98] 廖丽. "一带一路"争端解决机制创新研究：国际法与比较法的视角[J]. 法学评论, 2018, 36(2): 166-173.

[99] 王贵国. "一带一路"争端解决制度研究[J]. 中国法学, 2017(6): 56-71.

[100] 张文显. 在新的历史起点上推进中国特色法学体系构建[J]. 中国社会科学, 2019(10): 23-42, 204-205.

[101] 欧国立. 建立可持续交通运输体系的意义与路径[J]. 可持续发展经济导刊, 2020(4): 30-32.

[102] "一带一路"沿线国家的环境状况与主要问题[J]. 全球商业经典, 2021(4): 96-103.

[103] 胡必亮. 推动共建"一带一路"高质量发展：习近平关于高质量共建"一带一路"的系统论述[J]. 学习与探索, 2020(10): 2, 102-119, 192.

[104] 孔庆江. 中国"一带一路"倡议与亚太地区的自贸区建设[J]. 区域与全球发展, 2017, 1(1): 5-23, 154.

[105] 陈德敏, 郑泽宇. 中国企业投资"一带一路"沿线国家环境风险的法律规[J]. 新疆社会科学, 2020(2): 83-90, 147-148.

[106] 刘敬东. "一带一路"法治化体系构建的再思考[J]. 环球法律评论，2021，43(3)：180-192.

[107] 王文，杨凡欣. "一带一路"与中国对外投资的绿色化进程[J]. 中国人民大学学报，2019，33(4)：10-22.

[108] 何寿奎. 交通运输业高质量发展与环境保护融合动力机制及路径[J]. 企业经济，2020，39(1)：5-11，2.

[109] 李勋. 试论国际环境法的国际合作原则[J]. 湖南师范大学社会科学学报，2001(S2)：97-99.

[110] 李威. 欧美单边气候立法及其对国际法的影响[J]. 南通大学学报(社会科学版)，2013，29(3)：41-50.

[111] 郑凡. 地中海的环境保护区域合作：发展与经验[J]. 中国地质大学学报(社会科学版)，2016，16(1)：81-90.

[112] 朱文龙. 国际投资领域投资定义的发展及对中国的启示[J]. 东方法学，2014(2)：152-160.

[113] 赵骏. 国际投资仲裁中"投资"定义的张力和影响[J]. 现代法学，2014，36(3)：161-174.

[114] 王璐. 论投资条约中的"符合东道国法律"要求：兼论我国在中美投资条约谈判中的立场选择[J]. 法商研究，2013，30(1)：120-126.

[115] 张倩雯. 国际投资仲裁中的"领土"问题研究及对我国投资仲裁实践的启示[J]，国际经济法学刊，2016，23(1)：82-103.

[116] FITZMAURICE G G. The foundations of the authority of international law and the problem of enforcement[J]. The modern law review，1956，19(1).

[117] OSCAR SCHACHTER. Toward a theory of international obligation[J]. Virginia Journal of International Law，vol 8，1967-1968.

[118] Sustainability Research-Sustainable Transportation; New Sustainable Transportation Findings Reported from Mendel University in Brno (Analysis of Sustainable Transport for Smart Cities) [J]. Journal of Transportation，2019.

[119] PEYMAN GHAFFARI. Jurisdictional Requirements under Article 25 of

the ICSID Convention: Literature Review, 12 J. World Investment & Trade, 2011, 603: 616.

[120] PIERRE-EMMANUEL DUPONT. The Notion of ICSID Investment: Ongoing 'Confusion' or 'Emerging Synthesis'?", 12 J. World Investment & Trade, 2011, 245: 256, 258.

[121] SUSAN D FRANCK. The legitimacy crisis in investment treaty arbitration: privatizing public international law through inconsistent decisions[J]. Fordham law review, 2005: 1523.